LES
PRÉTENDUS.

Paris. — Imprimerie BOULÉ et Cⁱᵉ, rue Coquillière, 4

LES
PRÉTENDUS

PAR

M. FRÉDÉRIC SOULIÉ.

II.

PARIS.
AU COMPTOIR DES IMPRIMEURS-UNIS,
QUAI MALAQUAIS, 15.

1843.

Un Cœur de trente Ans.

XX

La marquise sortit, et descendant rapidement au salon, elle arriva près du vicomte au moment où le domestique lui transmettait le désir de M. Ménier.

M. de Sommerive et Victor étaient dans le salon, mais Mais Mme d'Houdailles ne fit que leur rendre rapidement le salut froid et cérémonieux qu'ils lui adressèrent; elle s'avança vers du Luc et lui dit tout bas :

— J'ai un service à vous demander, monsieur; seriez-vous assez bon pour me suivre ?

— Je suis à vos ordres, madame, lui dit du Luc avec empressement. Et tout aussitôt il entra dans le parc avec elle.

—Monsieur, lui dit vivement Mme d'Houdailles, vous avez trop vécu dans le monde, vous en savez trop bien pénétrer les secrets pour que je sois obligée de vous expliquer longuement le motif de l'interention que j'attends de vous. D'ailleurs je n'en aurais pas le temps. Mon frère vous a fait demander un moment d'entretien. Je crois, je suis sûre même qu'il s'agit de réclamer votre assistance pour une rencontre avec M. de Cancel, et je viens vous prier de prévenir ce combat.

— Ce combat ne peut avoir lieu, madame, du moins pour le moment, repartit froidement M. du Luc.

— M. de Cancel serait-il parti?

— Non, madame, M. de Cancel est blessé.

— Comment cela? dit rapidement madame d'Houdailles.

— C'est une blessure légère, madame; la colère de Victor l'a empêché de tirer avec sa justesse ordinaire.

— Mais quel a été le sujet de cette rencontre, monsieur?

— Ah! mon Dieu! répondit de Luc, la moindre chose, comme il arrive toujours quand les jeunes gens ont envie de faire leurs preuves. Victor prétendait que M. de Cancel ne s'était pas hier suffisamment excusé de sa maladresse quand il a tué cette malheureuse perdrix au-dessus de votre tête; il prétendait aussi que M. de Cancel avait paru ne pas vouloir le saluer; nous sommes allés il n'y a pas deux heures trouver M. de Cancel dans la petite maisonnette où il se cache; ses réponses n'ont pas convenu à Victor, et comme nous avions apporté des pistolets, l'affaire s'est immédiatement terminée.

— Et c'est sur un prétexte aussi frivole

qu'un homme comme vous a prêté sa présence à une pareille affaire? Vous me trompez, monsieur.

— Sur l'honneur, Madame, il n'y a pas en d'autres explications ni d'autres raisons apparentes de cette rencontre.

— C'est me dire qu'il y en avait de cachées.

— Je le pense comme vous, madame.

— Vous ne les connaissez pas?

— Vous faisiez tout-à-l'heure un si complet éloge de ma perspicacité que j'aurais mauvaise grace à vous dire que je ne les soupçonne pas. La jeunesse n'admet pas les droits des autres, si anciens qu'ils puissent être.

— Vous aussi, monsieur? lui dit la marquise en interrompant Fernand. N'importe

Monsieur, reprit-elle, veuillez me dire ce que vous répondrez à mon frère s'il vous adresse la demande que je suppose.

— Mais je ne sache rien de mieux à dire que la vérité telle que je vous l'avais dite.

— Alors, il fera comme moi, il vous demandera les raisons réelles de cette rencontre, et comme moi, il n'acceptera pas celles qui ne sont qu'apparentes et voudra savoir toute la vérité.

— Et je la lui dirai, madame.

— Vous oseriez ?

— Cette vérité n'a rien qui puisse l'offenser, ce me semble !

— M. de Luc, reprit Mme d'Houdailles avec cet accent droit qui ne permet pas les restrictions mentales, parlons-nous franchement; s'il ne s'agissait que de moi, je vous laisserais l'opinion que vous avez et que je comprends, mais il s'agit de mon frère, il s'agit d'un combat.... peut-être d'un suicide!

— Que dites-vous? reprit de Luc très sérieusement.

— J'ai essayé de M. de Sommerive, c'est un pauvre homme; Victor est un enfant, un noble enfant cependant, et ce qu'il a fait ce matin en est la preuve la plus manifeste. Vous êtes un homme, vous, à qui l'on peut confier le secret, l'honneur, le repos d'une famille tout entière; je le crois sincèrement et sincèrement je m'adresse à vous.

— Et aussi sincèrement, madame, repartit du Luc avec une émotion qui l'étonna lui-même, vous pouvez compter sur moi. Mais avant tout je pose mes conditions.

— Vos conditions ?

— Oui, madame, reprit-il vivement ; je suis venu ici pour essayer d'obtenir votre main : je vous ai vue, et ce qui n'avait été qu'une spéculation sur votre fortune est devenu un désir de mon cœur. Dirai-je tout ? Ç'a été encore plus, ç'a été le rêve de mon orgueil. J'ai pensé que si je vous obtenais, je serais peut-être encore plus fier qu'heureux. Eh bien, madame, ce rêve s'est enfui aussi vite qu'il était venu, car je vous ai crue coupable. Maintenant, à l'heure qu'il est, à ce moment, enfin, je suis sûr de votre innocence sans qu'il soit besoin que vous me la prouviez.

— Et vous avez repris votre rêve? dit la marquise avec un air réservé.

— Non, madame, non; c'est parce que vous avez dû deviner mes sentimens que je m'explique ainsi avec vous. Du moment que vous me demandez un service, permettez-moi de séparer l'homme d'hier de celui d'aujourd'hui. Parlez-moi comme si vous parliez à votre frère, et ne vous alarmez pas de l'avantage que mon amour pourrait en tirer de vous. Je vous estime assez, madame, pour qu'un peu d'amitié, si je parviens à la mériter, me récompense de tout mon dévoûment.

— J'accepte votre générosité, monsieur, lui dit Mme d'Houdailles en souriant, et je puis vous dire avec la même franchise que si j'étais fort disposée à douter de la sincérité de vos sentimens amoureux, je n'ai jamais douté de votre loyauté en toute autre chose.

Du Luc s'inclina et répondit seulement :

—. Maintenant, madame, je vous écoute.

Si la confidence de Mme d'Houdailles était venue immédiatement après le mouvement rapide qui l'avait entraînée dans le jardin, elle l'eût abordée avec une parfaite liberté, comme on franchit sans y songer, dans une course rapide, une porte devant laquelle on hésite lorsqu'il faut pour ainsi dire la franchir solennellement. Il y eut un moment de silence, pendant lequel du Luc chercha à lire sur la physionomie de Mme d'Houdailles ce qu'elle voulait et n'osait pas dire; enfin elle finit par laisser tomber avec embarras les paroles suivantes :

— Il faut que j'accuse quelqu'un, monsieur, et c'est douloureux...

Ils étaient arrivés, en parlant ainsi, au détour d'une allée qui menait à la petite porte du parc. A ce moment une femme traversa rapidement l'allée et sortit dans le bois. Mme d'Houdailles s'arrêta, du Luc ouvrit de grands yeux comme un homme surpris de n'avoir rien compris à une chose parfaitement claire.

— Mme Ménier ! s'écria-t-il.

— Je n'osais pas vous le dire.

— J'en sais assez, dit le vicomte, pour prévenir la rencontre que vous redoutez. Je crois entendre la voix de M. Ménier au salon; séparons-nous : il ne faut pas qu'il soupçonne que vous ayez pu m'avertir.

Position critique.

XXI.

Il était temps qu'ils se séparassent. A peine Mme d'Houdailles se fut-elle glissée dans une allée prolongée par une haute et épaisse charmille, qu'elle vit son frère s'avancer rapidement vers M. du Luc. Elle eût désiré pouvoir entendre ce que M. Ménier avait à dire au vicomte, mais un sentiment de discrétion, plus encore que la crainte d'être découverte, la fit s'éloigner. Peu d'instans après, elle reconnut que Fernand avait tenu sa promesse, en voyant revenir M. Ménier seul et tellement absorbé dans ses pensées, qu'il ne semblait pas l'apercevoir, quoiqu'elle eût marché à sa rencontre.

— Je te remercie, lui dit-elle en l'abordant, de ne pas être sorti sans me parler.

— Je ne sors pas, dit tristement M. Ménier ; ou plutôt j'attendrai le retour de M. du Luc avant de sortir.

— N'as-tu rien à me dire, Edouard ? n'ai-je plus ta confiance ? reprit la marquise en le regardant avec une sorte de pitié craintive.

M. Ménier la regarda plus tristement encore.

— Ne sais-tu pas tout ce que je pourrais te dire ? répondit-il.

— On ne confie pas seulement ses chagrins à ceux qu'on aime, on leur dit aussi ses projets et ses résolutions.

— C'est inutile quand ces projets sont irrévocablement arrêtés. Ton approbation n'ajouterait rien à ma force, ton blâme ne ferait que me chagriner sans m'empêcher de les accomplir.

— Edouard ! Edouard ! reprit Mme d'Houdailles les larmes aux yeux ; ce sera donc mon arrivée qui sera le signal d'une terrible catastrophe !... Pourquoi m'avoir fait venir ! Avant ces jours passés, avant que ma présence… eût éveillé des souvenirs éteints… vous viviez calmes… vous étiez heureux…

— Heureux ! répéta M. Ménier avec un accent qui glaça le sang de Mme d'Houdailles ; heureux !

Clara frémissait et de parler et de se taire, car elle redoutait qu'un mot imprudent de sa part ne vînt rendre à son malheureux frère une de ces commotions effrayantes qui le brisaient, et elle craignait de l'abandonner à des idées qui semblaient vouloir prendre une direction funeste. Dans cette horrible appréhension, elle le ramena doucement du côté de la maison, persuadée que l'obligation de soutenir un entretien avec M. de Sommerive et avec

Victor distrairait ses pensées du point fixe auquel elles paraissaient tendre. Mais ils ne trouvèrent au salon que M. Sommerive, l'air singulièrement mécontent et blessé de la façon dont on recevait dans cette maison. Que le maître ou la maîtresse de la maison ne fussent pas dès le matin à la disposition de leurs hôtes, que Mme d'Houdailles se dispensât de s'occuper d'eux, cela pouvait s'admettre avec beaucoup de complaisance ; mais que M. Victor, le neveu, sorti dès le matin, rentré à peine depuis une heure, s'échappât tout-à-coup comme un fou, pour s'élancer à travers le parc, sans s'excuser, et en le laissant tout seul, c'est ce qui venait d'arriver, et c'est ce qui paraissait tout au moins fort leste à M. de Sommerive. L'hônorable quarantenaire ne s'avouait pas à lui-même que son humeur eût été beaucoup moins vive si déjà Mme d'Houdailles ne lui avait enlevé le vicomte du Luc, et s'il n'avait pu suivre de l'œil cette promenade tête-à-tête qu'on lui faisait passer sous les yeux sans la moindre retenue et le plus petit égard.

Mme d'Houdailles avait une telle conscience du malheur de son frère, qu'il lui semblait que tout le monde devait le comprendre, et qu'elle s'imagina trouver dans M. de Sommerive un homme qui mettrait comme elle tous ses soins à arracher M. Ménier à ses cruelles préoccupations. Celui-ci en entrant dit à l'honorable député :

— Comment ! vous êtes seul ! Sommerive ?

— Vous voyez, dit celui-ci d'un ton piqué.

— Où donc est Victor ?

— Votre neveu aurait les deux pieds foulés, repartit M. de Sommerive, que je ne me hasarderais pas plus qu'avant-hier à lutter avec lui. A sept heures il était déjà en campagne, à midi il était de retour; et à l'instant même il vient de se remettre à courir je ne sais où, avant d'avoir même pensé à déjeuner.

— Comment! dit M. Ménier d'un ton mécontent, on n'a pas encore déjeuné ?

— Pas encore que je sache, dit M. de Sommerive.

M. Ménier sonna vivement, et dit avec une sévérité rare chez lui :

— Servez à l'instant et priez madame de descendre.

M. Ménier fit un tour dans le salon pendant que Mme d'Houdailles faisait à M. de Sommerive des signes que celui-ci s'obstinait à ne pas comprendre, soit inintelligence, soit humeur.

— C'est aussi un peu ma faute, dit tout-à-coup M. Ménier. J'ai si maladroitement été malade hier soir.

Ceci parut faire quelque effet sur M. de Sommerive, qui dit rapidement :

— Mon cher Ménier, vous êtes tout excusé. Et je vous avoue même que je n'espérais pas aujourd'hui votre compagnie ni celle de Mme Ménier, fort excusable de ne pas vous quitter en de pareils momens.

Si une femme comme Mme d'Houdailles

eût pu traduire sa colère par des pensées brutales ou des mots grossiers, certes l'idée de donner des soufflets à M. de Sommerive lui serait venue en ce moment, et elle l'eût appelé des noms de butor, d'imbécile et de rustre. M. Ménier ne répondit pas, mais Clara remarqua, à son grand étonnement, que cette réplique de M. de Sommerive, au lieu d'irriter son frère, avait été bien accueillie par lui, car il repartit aussitôt :

— Cette pauvre Claire, au fait, est bien fatiguée, et j'aurais mieux fait de ne pas la faire prier de descendre.

— Vous avez raison! s'écria vivement Mme d'Houdailles, qui tremblait de ce qui allait arriver; je vais l'avertir que nous déjeunerons sans elle.

La marquise n'avait pas achevé cette phrase que la fatale nouvelle qu'elle voulait prévenir arriva: le domestique qu'avait sonné M. Ménier reparut et dit aussitôt :

— Le déjeuner est servi, mais on n'a pas trouvé madame chez elle.

Mme d'Houdailles fut sur le point de faire à ce domestique des signes pour le faire taire, mais elle craignait à la fois les regards de son frère et ceux de M. de Sommerive, et se hâta de dire :

— En vérité je deviens folle, j'oublie que je l'ai priée de faire pour moi quelque chose qui l'a obligée à sortir un moment.

M. Ménier était complètement redevenu maître de lui, il parut accepter l'explication sans aucun soupçon et dit d'un air tout-à-fait naturel :

— Eh bien! Sommerive aura l'obligeance de se contenter de notre compagnie.

Malgré les efforts des trois convives le déjeuner fut gêné, et cependant Mme d'Houdailles et M. Ménier semblaient le prolonger à plaisir. En effet, chacun d'eux était dans l'attente d'un événement, et le fait d'être assis autour d'une table était une sorte d'occupation qui les empêchait d'être obligés de faire autre chose. Mme d'Houdailles surtout, qui craignait de voir son frère lui échapper, ne cessait de trouver de nouveaux prétextes pour ne pas quitter la table; elle espérait, durant les minutes qu'elle gagnait ainsi péniblement, que Mme Ménier rentrerait au château, que du Luc serait de retour. Mais M. de Sommerive n'y mettait pas la moindre complaisance. Il n'était qu'à moitié assis sur sa chaise et ne voyait pas faire un mouvement à Mme d'Houdailles sans avoir l'air d'être prêt à se lever. Toute l'habileté de la marquise était à bout lorsque tout-à-coup Victor reparut et entra dans la salle à manger.

Inconséquence de jeune homme

XXII.

Il semblait visiblement agité et au point que son oncle lui dit en se levant vivement :
— Q'as-tu, Victor? Que t'est-il arrivé?
— Rien, mon oncle, rien, répondit celui-ci.

Mme d'Houdailles, redoutant le trouble de Victor sans en deviner la cause, se hâta de dire :

— M. de Perdignan aura fait comme l'autre jour une course forcée, et le cœur lui bat sans doute très fort.

Victor jeta un regard d'indignation sur Mme d'Houdailles et répondit avec un accent amer :

— Oui, madame, c'est une course forcée, qui n'est peut-être pas si étrangère que vous le pensez à celle que j'ai faite pour vous rapporter votre mouchoir et...

Il s'arrêta tandis que Mme d'Houdailles lui envoyait un regard suppliant. Mais déjà M. Ménier avait compris; M. Ménier s'était rappelé le billet trouvé dans le mouchoir, billet que sa sœur ne lui avait pas expliqué.

La marquise put voir une sorte d'incertitude dans la physionomie de M. Ménier. On eût dit qu'il comprenait que les paroles de Victor renfermaient une accusation, et que cette accusation n'était peut-être pas sans fondement. M. de Sommerive prenait de son côté des airs de plus en plus importans et résignés. Mme d'Houdailles éprouva un de ces mouvemens d'indigation d'honnête femme outragée qui rejette sur les autres le dédain ou le soupçon dont on l'a frappée, et, sans calculer la portée de ses paroles, elle dit rapidement :

—Je serais fort obligée à M. Victor de s'expliquer plus complètement sur le but de cette course, où il paraît que je suis intéressée, tout-à-fait à mon insu.

Victor était exaspéré, à ce qu'il paraît,

car il répondit plus que brusquement :

— Je ne trahis les secrets de personne, madame.

— Mais j'aime assez à apprendre les miens, monsieur, dit avec hauteur Mme d'Houdailles.

—Vous pouvez vous adresser à tout le monde pour cela, madame, répondit Victor.

—Vous oubliez à qui vous parlez, s'écria tout à coup M. Ménier devenu pâle et tremblant; pensez-vous que j'aie fait venir ma sœur chez moi pour la laisser insulter par... vous, par... le neveu de Mme Ménier, car vous ne m'êtes rien, monsieur !

— Je le sais, monsieur, reprit modestement Victor; mais si je ne suis rien pour vous, vous n'en êtes pas moins pour moi un bienfaiteur, et je ne l'oublierai jamais.

— Le premier témoignage, le seul que j'en aurais voulu obtenir, Victor, dit M. Ménier d'un ton plus doux, ce sont les égards de la politesse la plus simple pour ma sœur.

Victor parut plus embarrassé qu'on ne peut le dire; il comprenait la justice de l'observation de son oncle, mais ce sentiment ne pouvait lui faire vaincre le ressentiment qu'il éprouvait contre Mme d'Houdailles, et il répondit en balbutiant :

— Je me serais bien gardé de dire rien qui pût paraître désobligeant à Mme votre sœur, si elle-même n'eût paru vouloir donner une tournure ridicule à la course que je viens de faire.

— Vous êtes bien susceptible, monsieur,

dit Mme d'Houdailles; je croyais qu'on pouvait se permettre une plaisanterie vis-à-vis de vous sans que cela vous blessât au point de vous rendre injurieux.

On put voir qu'une réponse mordante errait sur les lèvres de Victor, mais il se contint et répondit d'un ton amer et triste à la fois :

— J'aurai le soin, madame, de ne plus m'exposer à manquer des égards que mon oncle réclame pour vous... dans une heure j'aurai quitté le château.

— Toi aussi! s'écria tout-à-coup M. Ménier.

— Oui, mon oncle, dit Victor, et vous me pardonnerez, je l'espère, cette résolution; elle est plus nécessaire que vous ne pourriez croire.

— Nécessaire! reprit M. Ménier.

Quelques larmes vinrent aux yeux de Victor; il hésita à répondre.

— Mais qu'y a-t-il? reprit M. Ménier en regardant sa sœur. Est-ce le reproche que je t'ai fait, Victor?...

— Non, mon oncle, non, je vous le jure; mais il le faut... je ne puis pas faire autrement.

— Que s'est-il donc passé, Clara?... Il y a quelque chose que je ne comprends pas! Me diras-tu de quoi il s'agit?

— N'interrogez pas Mme d'Houdailles, mon oncle; elle ignore complètement le motif de cette résolution.

— J'entends, je veux le savoir! je le veux! s'écria M. Ménier, dont l'œil brilla d'une colère terrible, mais qui n'avait pas cette sinistre et incertaine expression qui annonçait les approches du mal horrible dont il était frappé.

— Il me le dira à moi, je l'espère, dit M. de Sommerive, qui intervint en voyant la discussion prendre une tournure si animée.

Victor la tête basse, les dents contractées, ne répondit pas à cet appel qui semblait vouloir amener une conciliation, et se frappa le front avec violence. Mme d'Houdailles sentit qu'il fallait terminer une scène qui pouvait avoir un résultat plus sérieux que M. de Sommerive ne pouvait le croire. Elle se leva, et s'adressant avec une dignité froide à son frère et à M. de Sommerive, elle leur dit :

— Comme je suis certaine d'être pour

quelque chose dans la détermination de M. Victor, je le remercie de sa discrétion, mais j'espère qu'il voudra bien me l'expliquer. M. de Sommerive, ajouta-t-elle avec un de ces regards que les femmes les plus pures savent trouver pour l'homme qui leur plaît le moins, lorsqu'elles veulent en obtenir une complaisance, je vous en prie, et je vous serai bien… bien reconnaissante de cette bonté, attendez-nous avec mon frère, et vous verrez que tout ceci n'est qu'un malentendu. Edouard, attends-moi ici avec M. de Sommerive; je vous apporterai à tous les deux cette explication que j'obtiendrai, j'en suis sûre, de M. Victor.

M. Ménier sourit amèrement et repartit:

— Ne crains rien, Clara, je ne m'éloignerai pas.

— Voulez-vous avoir l'obligeance de me suivre? reprit aussitôt Mme d'Houdailles au jeune homme.

Victor s'inclina et obéit.

Une Ame de vingt ans.

XXIII.

A peine avaient-ils fait quelques pas en dehors du salon que Mme d'Houdailles reprit avec vivacité :

— Eh bien, monsieur, vous expliquerez

vous enfin, me direz-vous ce que signifient ces réticences maladroites, ces insinuations injurieuses, cette résolution folle?

—Oui, madame, repartit Victor, je vous dirai tout, à vous, tout, sans ménagement pour personne.

Il hésita encore et reprit :

—Il le faut; d'ailleurs, je ne vous apprendrai rien que vous ne sachiez déjà; seulement, je croyais que vous la plaigniez comme moi et non que vous la trahissiez....

— Je ne trahis personne, monsieur, dit fièrement Mme d'Houdailles.

— Et cependant, reprit Victor, M. de Cancel était chez vous cette nuit; il était au rendez-vous qu'il vous avait sans doute demandé par le billet que je vous ai remis et qu'il avait déposé sur le banc où je l'ai trouvé.

— Monsieur Victor, quand l'âge vous aura appris ce que c'est qu'une femme qui se respecte, vous ne lui jetterez pas de pareilles accusations avec cette légèreté et cette assurance.

—Il n'y était donc pas de votre consentement? dit Victor avec étonnement.

— Je vous ai demandé une explication, monsieur, repartit Mme d'Houdaille, mais je n'en ai point à vous donner. Remarquez, je vous prie, que je ne me suis mêlée en rien à des choses qui vous concernent, et que vous avez fait le contraire. J'ai le droit d'obtenir ce que vous n'avez pas celui d'exiger.

—Soit, madame, reprit Victor, mais

alors veuillez bien m'écouter sans m'interrompre. Quoique je ne vous doive aucun compte de mes actions, je vous les dirai toutes, je vous en dirai le motif. S'il vous paraît blessant, je le regrette, mais c'est la vérité que vous voulez, la voici donc. Ce matin, madame, toute la maison savait (comment le savait-elle? je l'ignore), toute la maison, dis-je, savait que M. de Cancel avait passé la nuit dans votre chambre.

—Passé la nuit! répéta Mme d'Houdailles avec un frissonnement d'indignation. Continuez, monsieur, reprit-elle ensuite, continuez.

— Je fus long-temps, reprit Victor, à croire ce que l'on me disait à ce sujet. Après ce qui s'était passé hier entre nous deux, après notre rencontre avec M. de Cancel, je ne pouvais m'imaginer que des relations que je ne qualifie pas, qu'une intelligence aussi intime pût exister entre vous.

Pendant qu'elle écoutait Victor, la marquise était devenue tour à tour rouge, pâle et glacée; l'agitation de ses lèvres, la crispation de ses mains, attestaient le violent effort qu'elle était obligée de faire pour continuer les sentimens tumultueux que ces paroles soulevaient dans son ame.

— Vous souffrez, madame, reprit Victor, de m'entendre parler ainsi; je cesserai, madame, si cela vous convient.

— Continuez, continuez, reprit Clara avec vivacité, j'aime mieux la brutalité de vos accusations, bien claires et bien formulées du moins, que les ménagemens insolens et les airs de pruderie blessée de certaines personnes; continuez, vous dis-je.

— Soit, madame, reprit Victor en se raffermissant dans sa résolution de tout dire qu'avait ébranlée l'agitation de madame d'Houdailles. Vous êtes libre, madame; vous avez aimé M. de Cancel; vous pouvez paraître ne pas savoir qu'une autre passion l'a consolé de votre perte, ou bien vous pouvez la lui pardonner; je n'ai jamais aimé, madame, je ne sais jusqu'à quel point l'amour peut être jaloux de ses triomphes passés et jusqu'où il peut aller pour les ressaisir; ainsi je ne vous blâme ni ne vous condamne. Si j'osais même porter un jugement en cette circonstance, je vous excuserais, car je sais que c'est par une tra-

hison qu'on vous a enlevée à l'amour de
M. de Cancel. Mais enfin voilà huit ans que
cela s'est passé, voilà huit ans qu'une autre femme paie des transes les plus terribles, de la vie la plus malheureuse la folle
passion à laquelle elle vous a sacrifiée
car M. de Cancel ne l'aime pas, madame ;
M. de Cancel a voulu la perdre, et la punir du mal qu'elle vous a fait ; lui seul est
coupable dans tout ceci ; s'il ne vous avait
pas demandé ce rendez-vous, vous ne le lui
eussiez pas accordé, et si à votre arrivée il
avait quitté la Normandie comme il l'avait
promis à ma tante, on n'eût pas vu éclater
cette rivalité entre deux sœurs, rivalité
qui amènera de si terribles catastrophes
si un hasard inespéré ne nous sauve tous.
C'est poussé par cette terrible pensée,

madame, que je me suis rendu ce matin auprès de M. de Cancel, décidé à lui chercher une querelle dont il était incapable de deviner le motif. En effet, je savais que lui mort, ma tante le pleurerait sans doute; mais, lui mort, elle ne se fût pas perdue par un éclat comme elle le fait peut-être maintenant. C'est pourquoi j'ai voulu tuer cet homme : pour la sauver, pour vous sauver aussi peut-être, madame, car s'il vous préfère à elle... elle fera tout pour vous perdre.

A mesure qu'il parlait, Victor semblait plus ému; Mme d'Houdailles l'écoutait avec moins de colère, et quoique encore émue de la dureté de ses accusations, elle s'étonnait d'écouter ce jeune homme qui n'avait pas une pensée pour lui dans tout ce qu'il avait fait.

Comme Victor s'était arrêté, la marquise reprit d'une voix plus douce :

— Je vous écoute, monsieur.

— M. de Cancel accepta ma proposition avec un empressement qui me montra qu'il n'en avait pas compris le motif; il s'imagina, comme du Luc, que je venais venger sur lui la perte d'une espérance personnelle; que, destiné par ma tante à l'honneur de prétendre à votre main, je venais punir sur lui l'injure qu'il avait faite au violent amour que vous m'aviez inpiré.

— Vous auriez pu le désabuser, monsieur, dit Mme d'Houdailles, et peut-être en reconnaissant que vos provocations avaient un motif presque sacré, il eût évité une rencontre qui nécessairement amènera un éclat fâcheux.

— Je suis bien coupable, bien coupable sans doute, madame, reprit Victor, mais il est possible que si je lui eusse dit pourquoi je venais à lui, il eût refusé de se battre avec moi : il m'a cru amoureux, il m'a cru jaloux; il s'est trompé, madame : vous êtes belle, plus belle qu'aucune femme au monde, sans doute; vous avez cette grâce qui séduit, qui enivre, cet esprit qui charme et qui domine; mais vous aimez M. de Cancel, vous lui avez gardé pendant huit ans un amour fidèle : et bien fou serait celui qui oserait prétendre à obtenir une place dans votre cœur. Non, madame, non, je ne vous aime pas; car si je vous aimais, oh ! j'aurais tué cet homme !... cet homme que vous aimez, je l'aurais tué certainement.

La voix de Victor était devenue âcre et sifflante pendant qu'il parlait ainsi, et chaque fois qu'il disait à Mme d'Houdailles: Je ne vous aime pas, ses yeux lançaient des éclairs de colère, et son visage prenait une expression de désespoir qui démentait, non pas la sincérité de ses paroles, car il croyait à ce qu'il disait, mais la vérité de ce qu'il croyait éprouver. Mme d'Houdailles de son côté, les yeux baissés, le cœur ému, écoutait cet amour qui s'ignorait et qui parlait si haut; elle comprenait, elle, que le repos et l'honneur de M. Ménier étaient le prétexte que Victor avait donné à la fureur inconnue qui s'était emparée de lui; elle craignait de lui répondre de peur de jeter une clarté soudaine dans l'obscurité tumultueuse de ces sentimens, Victor l'arracha à son embarras en reprenant presque aussitôt :

— Mais, enfin, il ne m'a pas deviné, et le combat a eu lieu. Je ne sais quel mauvais génie plane sur cette maison, mais j'avais fait donner à du Luc sa parole d'honneur de n'instruire ni ma tante ni son mari de cette rencontre; mais il y a à peine une heure, pendant que vous étiez avec M. du Luc, quelqu'un est venu qui a dit avoir rencontré M. de Cancel blessé et qu'on rapportait dans sa maison... Elle l'aime, madame; sans doute vous comprendrez mieux que moi le mystère de cet amour ; vous êtes femme, vous savez peut-être comment il se fait qu'on puisse oublier à ce point le soin de son honneur et de sa réputation ; mais à peine eût-elle appris cette nouvelle, que, sans réfléchir que la soudaineté de sa sortie devait dire où elle allait, sans avoir pu maîtriser devant ses gens l'épouvante et la douleur dont elle avait été frappée, elle est partie aussitôt, emportée par une passion irrésistible et aveugle. J'en ai été averti par une femme qui sait tout dans cette maison et dont la conduite est aussi un étrange mystère pour moi. Catherine est venue me dire que ma tante avait quitté le château, et qu'elle allait sans doute chez M. de Cancel ; c'est alors que j'ai fait, madame, cette course que vous avez trouvée tout-à-l'heure si ridicule. Je suis parvenu à atteindre ma pauvre tante avant qu'elle ne fût trop éloignée de la maison ; était-ce mon devoir ou non ! je l'ignore ; mais moi, son neveu, à qui elle a servi de mère, j'ai essayé de la protéger contre elle-même. Sans paraître comprendre où elle allait, j'ai voulu la ramener en lui disant que son mari la demandait et s'étonnait de son absence ; elle ne m'a pas écouté ; et alors dans l'entraînement d'un dessein que je croyais généreux, j'ai osé lui dire ce que j'ai fait pour l'arrêter dans cet abîme où elle se précipite; je me suis jeté à ses pieds, je l'ai implorée avec des larmes, je lui ai parlé de l'honneur de son nom, de son repos : je n'ai rien trouvé, madame, qu'une résolution inébranlable, une colère qui a soudainement oublié, non pas seulement toute la tendresse que j'avais pour elle, mais encore toute l'affection qu'elle a eue pour moi; elle m'a traité d'ingrat et de misérable, et lorsque j'essayais de lui faire comprendre que si je m'étais trompé, c'était pour avoir aimé son bonheur, elle m'a chassé; elle m'a chassé sans retour, madame, et, afin de me faire obéir, elle m'a dit qu'elle préférait plutôt avouer la vérité à son mari que de supporter ma présence pendant une heure dans son château. Vous voyez donc bien qu'il faut que je parte absolument, et vous voyez aussi combien il m'est difficile de dire à mon oncle le motif de mon départ.

La fin de cette étrange confidence avait jeté Mme d'Houdailles dans une profonde préoccupation. Victor, de son côté, était absorbé par la pensée de la difficulté de sa situation. Comment rester, disait-il, et comment partir? Tout-à-coup Mme d'Houdailles reprit, comme si une idée lumineuse venait la frapper :

— Elle vous a menacé, n'est-ce pas, d'avouer tout à mon frère?

— Oui, madame.

— Elle vous en a menacé pour vous obliger à partir? Eh bien! reprit Mme d'Houdailles après une assez longue pause, restez, monsieur Victor, restez.

— Voilà un étrange conseil, reprit celui-ci d'un ton défiant. Auriez-vous donc besoin que ma tante, exaspérée par ma résistance, poussée à bout par l'inimitié de tous ceux qui devraient la protéger, fît ce terrible aveu à son mari et se perdît sans retour?

— De tous les soupçons que vous m'avez montrés, reprit tristement Mme d'Houdailles; celui-ci est assurément le plus cruel; la trahison dont vous m'avez accusée en disant que j'avais accepté le rendez-vous de M. de Cancel, ne serait qu'un jeu auprès de celle-ci. Dans votre morale de jeunes gens, reprit la marquise avec amertume, une femme qui reprend son amant à celle qui le lui a enlevé, use sans doute de ses droits légitimes; mais je ne pense pas que vous puissiez trouver une excuse à la duplicité qui veut se servir de la passion d'une rivale pour la perdre. Faites donc ce qui vous plaira, monsieur, et veuillez me dire ce que je dois répondre à mon frère.

— Eh! le sais-je? madame; et, lorsque c'est à vous que je me serai adressé pour vous demander conseil et appui, vous m'accablez pour un mot inconvenant sans doute. Mon Dieu, je le sens, mais je ne puis répondre dans le désordre où je suis ; car, si vous le voulez, je resterai ; mais si je reste, elle parlera, vous dis-je ; elle parlera, et c'est moi qui l'aurai poussée à se perdre.

Mme d'Houdailles parut en ce moment vivement agitée ; puis, après quelques minutes d'hésitation, elle prit tout à coup une résolution nouvelle.

— Monsieur Victor, dit-elle d'un ton ferme et déterminé, vous êtes un noble cœur ; si vous ne me comprenez pas aujourd'hui, je suis sûre que vous me rendrez justice plus tard ; restez, vous dis-je, et Mme Ménier ne parlera pas ; elle ne parlera pas, monsieur, parce qu'elle sait bien qu'elle n'a rien à apprendre à son mari.

— Que dites-vous ! s'écria Victor, en reculant involontairement. Il le sait ! Son visage prit une expression de dédain, et il ajouta en baissant la voix : et il le souffre!

— Oui, monsieur, il le souffre, et de sa part c'est plus de noblesse, plus de courage, plus de grandeur que vous ne pouvez vous imaginer; c'est une effroyable histoire, monsieur, mais que je ne puis ni ne dois vous dire encore ; seulement, ne blâmez pas M. Ménier, ne condamnez pas même votre tante avant de savoir ce qui a pu la pousser à mal faire, et puisque vous avez trouvé près d'eux tendresse et protection, soyez indulgent pour tous les deux et attendez.

— Mais vous, madame, dit Victor, vous que j'ai crue coupable, vous que j'ai offensée!

— Ne nous occupons pas de moi, reprit Mme d'Houdailles, rentrons au salon, et si voulez être bon jusqu'au bout, dites à votre oncle que c'est la réprimande qu'il vous a faite qui vous avait décidé à partir ; que c'est un mouvement d'humeur, d'emportement, et peut-être Dieu fera-t-il que ce nuage menaçant suspendu sur nos têtes passe sans amener d'orage.

— Et ne me dites-vous rien, madame, dit Victor, pour me donner la force de rester.

— Croyez-moi, monsieur, repartit Mme d'Houdailles, le ressentiment de Mme Ménier sera bien vite effacé, et elle vous saura bon gré d'avoir compté sur sa justice et de n'avoir pas obéi à l'emportement de sa douleur.

— Je le crois, madame, dit Victor d'un air sombre; je resterai puisque vous le voulez, mais il me semble que quand je fais tout pour vous, il me semble que vous pourriez bien me dire un mot.

— Je vous remercie, reprit Mme d'Houdailles tout étonnée de l'humeur que montrait Victor, je vous suis reconnaissante de ce que vous faites, soyez-en assuré.

— C'est trop, madame ; c'est trop, reprit Victor d'une voix contrainte et émue; je n'en demaude pas tant, et je resterai, n'en parlons plus.

Sottise.

XII.

A ces mots, il quitta madame d'Houdailles avec tous les signes d'une vive colère, et celle-ci, malgré toute sa pénétration de femme ne put comprendre de quoi il pouvait lui en vouloir à ce point.

Elle le suivit et arriva dans le salon presqu'au moment où il arrivait lui-même ; mais, pour que nos lecteurs puissent comprendre la manière dont il fut accueilli, il est nécessaire de rapporter la scène qui venait d'avoir lieu entre M. Ménier et M. de Sommerive.

— Je suis bien aise d'être seul un moment avec vous, lui avait M. Ménier; j'ai à vous parler de choses graves à propos desquelles je serai charmé de connaitre vos sentimens.

— Je suis tout-à-fait à vos ordres, reprit M. de Sommerive, amadoué par cette déclaration, sans cependant dépouiller tout-à-fait le ressentiment de voir depuis deux jours son importance complètement méconnue. En effet, M. de Sommerive avait su que du Luc et Victor étaient sortis ensemble, puis il avait vu Mme d'Houdailles, d'abord en conférence sérieuse avec le vicomte, puis avec Victor; il s'était passé quelque chose d'extraordinaire, et il l'ignorait. Il oubliait sans doute qu'on avait voulu le prendre pour confident, et qu'il s'était refusé à ce rôle. Il en était à se dire qu'il ferait bien de quitter une maison où on le comptait pour si peu, lorsque l'interpellation de M. Ménier le ramena à des sentimens plus indulgens. Celui-ci continua :

— Vous êtes trop galant homme, Sommerive, pour faire de la diplomatie avec moi, et pour ne pas me dire sans détours dans quelle intention vous êtes venu au château?

Malgré cet appel à sa franchise, le

député conseiller d'état ne put pas se résoudre à répondre tout droit à ce qu'on lui demandait; et il se prit à dire en faisant des simagrées assez maladroites :

— J'éprouve trop de plaisir à venir voir mes amis pour ne pas m'étonner de la question que vous me faites.

— Sans l'avoir précisément lue, reprit M. Ménier, d'un ton railleur, je connais la lettre que vous a écrite ma femme. « Dimanche prochain, nous avons la belle madame d'Houdailles, la charmante veuve aux deux cent mille livres de rentes; nous désirons lui rendre agréable son séjour dans notre château; venez donc nous aider, etc., etc. » Je crois à votre amitié, Sommerive, mais je crois aussi que la belle Mme d'Houdailles est pour quelque chose dans votre empressement à venir nous visiter. Je ne pense pas que son titre de veuve et ses deux cent mille livres de rentes vous aient fait beaucoup hésiter, et je m'étais imaginé que l'idée d'un mariage avec elle ne vous avait pas paru impossible.

M. de Sommerive fut encore très embarrassé de répondre ; il comprit que s'il acceptait cette interprétation de ses sentimens il serait forcé d'expliquer catégoriquement à M. Ménier pourquoi ils avaient changé, et voulant se sauver le désagrément de dire à un frère de trop dures vérités sur le compte de sa sœur, il repartit d'un air précieux et pincé :

— Croyez, mon cher Ménier, que je n'ai pas eu un moment la fatuité que vous me supposez ; ma fortune est loin de pouvoir se comparer à celle de Mme d'Houdailles ; mon âge qui pourrait paraître convenable pour le sien, doit être un motif d'être repoussé auprès d'une femme qui, ayant eu un vieillard pour mari, considérera sans doute la jeunesse comme le premier droit à lui plaire. D'ailleurs, je suis à peu près convaincu que si j'avais eu la sotte prétention de penser à madame votre sœur, je n'aurais fait que lui paraître ridicule.

Comme nous l'avons dit, tout ceci fut débité de ce ton prétentieux que la vanité blessée prend si maladroitement pour de la dignité. M. Ménier ne se trompa point sur la nature du sentiment qui dominait M. de Sommerive, et voulant le forcer dans ses dernières retraites, il lui dit d'un air contrarié :

— Ce que vous me dites là me fait de la peine; j'aurais voulu laisser ma sœur entre les mains d'un homme qui sût la protéger et qui pût la rendre heureuse.

La tournure de cette phrase, bien plus que ce qu'elle disait, étonna Sommerive; il en reprit les mots avec cet accent interrogatif qui suffit pour en demander explication.

— Vous voulez laisser votre sœur, dites-vous...

— Oui, oui, repartit M. Ménier; il est possible que je quitte la France; c'est même, à vrai dire, un parti arrêté; le soin de ma santé l'exige absolument, et j'avoue qu'il me sera pénible de partir sans avoir assuré le repos et le bonheur de Clara; elle est trop belle et trop riche, mon cher

Sommerive, pour ne pas être en butte aux spéculations de certains hommes et aux inimitiés de certaines femmes; elle est d'un caractère trop loyal et trop élevé pour ne pas être la dupe de ceux qui joueront vis-à-vis d'elle un rôle de désintéressement et de franchise; elle leur croira les qualités qu'elle possède et donnera peut-être sa main à un homme indigne d'elle, mais qui aura deviné son caractère.

— Il est fort difficile, mon cher Ménier, reprit M. de Sommerive, de prétendre diriger le choix d'une femme, alors même qu'elle n'est pas libre; mais ce serait plus qu'une niaiserie de vouloir la faire revenir à des sentimens nouveaux lorsque ce choix est déjà fait.

La surprise de M. Ménier fut extrême à

cette déclaration faite de ce ton piqué que M. de Sommerive n'avait pas quitté depuis le commencement de la conversation.

— Quoi ! dit-il, du Luc, malgré ses fatuités maladroites...

Je ne crois pas, répondit M. de Sommerive d'un ton dédaigneux pour le vicomte.

— Vous ne voulez pas sans doute parler de Victor, et comme vous vous mettez vous-même hors de cause, je ne vois pas à qui vous pouvez faire allusion.

— Je puis vous répondre comme Victor, dit M. de Sommerive, je ne trahis pas les secrets de personne.

— Sommerive, s'écria tout à coup M. Ménier en le regardant en face, êtes-vous homme à me dire toute la vérité? Ce que je croyais un secret enfermé entre elle et moi serait-il déjà à la connaissance de tout le monde? Nommez-moi celui que vous croyez le préféré de ma sœur; dites-moi, je vous en supplie, ce qui vous autorise à avoir cette opinion; il y va de mon bonheur, de mon honneur peut-être, et peut-être aussi de la vie d'un homme.

—Vous prenez ceci beaucoup trop gravement, reprit M. de Sommerive, et si Mme d'Houdailles a agi avec une légèreté imprudente en recevant chez elle pendant la nuit M. de Cancel, c'est une chose qui ne doit point vous alarmer, car ce mariage serait assurément fort convenable, et quelles qu'aient pu être mes espérances, je suis le premier à reconnaître que Mme d'Houbailles ne pouvait faire un meilleur choix.

— Ainsi, reprit M. Ménier d'une voix

sourde et creuse, vous savez que cet homme est venu ici cette nuit, et puisque vous le savez, d'autres, sans doute....

—Les personnes qui s'en sont aperçues, dit Sommerive, se sont étonnées du peu de mystère que paraissaient vouloir y mettre M. de Cancel et Mme d'Houdailles, car le comte a quitté le château après l'avoir traversé dans toute sa longueur, et sans prendre la moindre précaution pour ne pas être aperçu.

—Par conséquent, reprit M. Ménier, ma sœur est la fable de toute la maison. Par conséquent c'est de là que partent votre froideur et l'impertinence de Victor à son égard, sans compter les tranchantes fatuités de du Luc. C'est trop, Sommerive, c'est trop, il faut que justice se fasse à la fin ; il ne faut pas que l'impudeur triomphe de l'innocence ; ma pauvre Clara, elle, cet ange de bonté, ce cœur à qui le mensonge est inconnu, Clara accusée, chez moi !

La voix de M. Ménier s'altérait à mesure qu'il parlait ainsi, et la vague expression de ses regards dénotait déjà le trouble de ses idées, lorsque Mme d'Houdailles et Victor rentrèrent dans le salon.

Vengeance.

XXV.

Comme un homme qui se noie, et qui, sentant sa vie se perdre et ses forces s'affaiblir parce qu'il n'aperçoit rien qui puisse lui prêter appui, et qui s'anime tout-à-coup d'une énergie nouvelle à l'aspect d'une barque qui s'approche ou d'une main qui lui est tendue, M. Ménier se releva tout à coup en voyant Mme d'Houdailles, son œil reprit son éclat et sa limpidité ; sa parole redevint ferme ; il s'élança vers elle en lui disant :

Sais-tu ce qu'ils disent, Clara ? sais-tu de quoi ils t'accusent ? Ils prétendent que M. de Cancel a été reçu cette nuit dans ton appartement ! Clara, surprise par la brusquerie de cette déclaration, Clara qui dans les demi-mots qu'elle avait échangés avec son frère jusqu'à ce moment, avait cru comprendre qu'il savait toute la vérité, Clara répondit ingénuement :

— C'est vrai, mon frère, M. de Cancel est venu chez moi cette nuit.

La surprise de son frère à cette réponse

confondit Clara, et elle éprouva un saisissement inattendu lorsqu'il lui dit d'un ton où perçait une joie qu'il ne pouvait contenir :

— Ainsi c'était pour toi, pour toi seule.

Les idées de Mme d'Hudailles se troublèrent. Lorsqu'elle avait annoncé l'intention de partir, et que son frère l'avait approuvée, elle avait cru qu'il comprenait qu'elle voulait échapper à une odieuse persécution; ce mot : « Je sais tout » qu'il avait prononcé, n'avait donc pas le sens qu'elle lui avait prêté. Que voulait-il dire, et où en était-elle? Elle jeta sur M. de Sommerive un regard effaré, mais il détourna la tête, et Victor s'approcha d'elle et lui dit tout bas :

— Oh! par grace! ne la perdez pas.

Malgré cette prière, malgré l'horreur

du coup qu'elle allait porter à son frère, la marquise allait répondre de façon à se disculper de la visite de M. de Cancel, lorsqu'elle vit tout à coup entrer Mme Ménier. Rien de la passion violente qu'elle avait montrée le matin à Mme d'Houdailles, rien de ce trouble qu'elle n'avait pu cacher à ses domestiques, rien de cette colère qui avait éclaté contre Victor, n'était sur son visage qui avait repris ce calme caressant, ce sourire séducteur qui la faisait passer pour un ange de douceur et de bonté.

— On n'a pas plus de bonheur que moi, dit-elle en entrant, car je trouve tous nos amis réunis au moment où j'apporte une heureuse nouvelle.

— Une heureuse nouvelle, dit M. Ménier, est toujours bien venue, et de votre part elle nous sera d'autant plus chère.

De quoi s'agit-il?

— Ce matin, reprit Mme Ménier, j'avais reçu une lettre de M. de Cancel, lettre que j'étais prête à vous communiquer, lorsque j'appris qu'il avait été blessé par l'imprudence d'un jeune fou qui ne regarde pas ce qu'il fait. J'ai eu peur que cet accident ne fût tellement grave qu'il ne me forçât à retarder cette communication. J'ai voulu m'en assurer par moi-même, et ayant appris que M. du Luc allait chez M. de Cancel, je l'ai fait prier de m'accompagner et je me suis assurée avec plaisir que son accident n'aurait pas de suite. Je puis donc donner à ma sœur une joie qui ne sera point troublée par la crainte de la voir lui échapper encore une fois. Voici la lettre par laquelle M. de Cancel me prie d'être son interprète auprès de M. Ménier, pour lui demander formellement la main de sa sœur la main, de ma chère Clara.

A cette cette déclaration inouïe, faite de la voix la plus calme, du ton le plus sincère, de l'air le plus heureux, Mme d'Houdailles douta de sa raison; elle ne pensa pas tout d'abord aux nombreuses circonstances qui donnaient un démenti formel à cette déclaration. En effet, n'avait-elle pas vu Mme Ménier quitter la maison avant que du Luc n'eût parlé à M. Ménier et ne fût sorti à son tour. Mme Ménier n'avait-elle pas dit à Victor, dans l'excès de sa colère, qu'elle préférerait tout dire à son mari? La marquise s'arrêta à la seule pensée que le vicomte, à qui elle s'était pour ainsi dire confiée, lui avait manqué de parole, et elle s'écria :

— Et M. du Luc était présent à cet entretien !

— Oui, ma chère Clara, et certes si j'avais pu prévoir la douleur qu'il lui causerait, je lui aurais épargné ce chagrin. Mais si belle et si charmante que vous soyez, je n'avais pas imaginé que deux jours auraient suffi à lui inspirer une passion si vive, qu'il ne s'est pas senti le courage de revenir au château et qu'il ne reviendra pas. Mais il est homme à se consoler aisément de cet échec, il est trop l'ami de M. de Cancel pour ne pas se féliciter de son bonheur. Car vous ne pouvez ni le refuser ni le faire attendre ; une passion qui a survécu à huit années de séparation, sans autre consolation qu'une correspondance bien innocente, car nous pouvons tout dire maintenant, une telle passion doit avoir hâte de réparer le temps perdu... Allons, Clara, il ne faut pas m'en vouloir de la franchise un peu rude de mes expressions, c'est le bonheur que j'éprouve qui me rend si bavarde, si indiscrète, si brutale même, ce qui n'est guère le rôle d'une confidente. Allons, ma chère sœur, ne rougissez pas ainsi, ne vous troublez pas comme une enfant et surtout n'oubliez pas que M. de Cancel attend.

Tant d'audace dépassait de si loin tout ce qu'eût pu supposer Mme d'Houdailles, qu'elle ne savait si ce qu'elle entendait était réel. Accusée d'avoir entretenu une correspondance avec M. de Cancel par une femme qui disait en être la confidente, et qui n'avait pu l'apprendre que par la trahison de celui qui osait demander sa main, elle se perdit dans ce conflit d'idées contraires; une sorte de vertige s'empara d'elle, une sueur glacée inonda tout son corps, elle se sentit chanceler, et avant que son frère eût pu la soutenir, elle tomba par terre saisie d'une crise nerveuse violente. A cet aspect, Mme Ménier se recula avec épouvante; elle contempla ensuite Clara d'un regard sinistre, puis elle s'approcha lentement et s'écria d'une voix lugubre :

— Elle aussi, mon Dieu! O misérable famille!...

Tout aussitôt elle sonna avec tant de

violence que les domestiques coururent de tous côtés, tandis que M. Ménier, l'œil fixé sur sa malheureuse sœur, tout entier à la pensée de l'accident qu'elle éprouvait, croyant découvrir en elle les principes du mal affreux dont il était frappé, semblait prêt à subir la même atteinte.

— Emportez-la dans sa chambre, s'écriait Mme Ménier d'un air épouvanté; emportez-la la pauvre femme, reprenait-elle avec des larmes. Clara, chère Clara !

Déjà Lise et une autre femme allaient emporter Mme d'Houdailles, lorsque Catherine, qui, comme les autres, était accourue aux cris de Mme Ménier et aux appels de Victor, s'avança, et avec une autorité qui sembla frapper tout le monde de stupéfaction elle s'écria :

— Laissez Mme d'Houdailles sur le canapé; laissez-la devant tout le monde.

— Que signifie cette insolence? s'écria Mme Ménier.

— Vous voyez, madame, reprit Catherine avec amertume, vous voyez que Mme la marquise revient à elle; c'est un mouvement nerveux, voilà tout; c'est une émotion violente et inattendue qui l'a frapée et qu'elle n'a pu dominer...

En effet, Mme d'Houdailles revenait à elle et jetait des regards encore éperdus sur ceux qui l'entouraient. Tout ce monde l'épouvanta : la pensée lui vint que la faiblesse qu'elle venait d'éprouver pouvait être comprise comme un accident pareil à ceux qu'éprouvait son frère, et succombant à cette terrible pensée, elle retomba dans de nouveaux spasmes, et Mme Ménier reprit avec un nouvel effroi :

— Vous voyez bien que c'est la même chose !

Toute la volonté de M. Ménier succomba à cet affreux spectacle, et avant que Catherine eût pu l'entraîner hors de l'appartement, il tomba par terre saisi d'une de ces épouvantables attaques que jusque là il était parvenu, grace à l'étrange dévouement qu'avait pour lui cette fille, à cacher à tous les yeux. On avait de vagues soupçons de sa maladie, mais personne n'en avait été témoin, et encore ces soupçons n'avaient-ils jamais frappé juste; en effet, quelques personnes l'accusaient d'ivrognerie et expliquaient ainsi sa sortie du souper.

— Oh! s'écria dans ce moment terrible Catherine, cette femme est un monstre! Fermons toutes les persiennes, fermons! la lumière le tue. Laissez-moi seule avec monsieur, et emportez Mme d'Houdailles.

Lise, aidée d'une autre femme, emporta la marquise dans sa chambre, et Mme Ménier quttta le salon avec Victor et M. de Sommerive.

Celui-ci aurait donné beaucoup pour être à dix mille lieues du château, mais il ne put échapper à Mme Ménier qui lui tendit la main en éclatant en larmes et en lui disant :

— Vous le voyez, monsieur, voilà ma destinée depuis dix ans.

— C'est horrible, madame, et je vous plains sincèrement, reprit M. de Sommerive.

— Ah! monsieur, faut-il qu'un hasard que je n'ai pu prévoir vous ait rendu témoin de ce qui vient de se passer! Il est rare que M. Ménier soit atteint de plusieurs crises de suite, et je croyais que sa malheureuse sœur était pour ainsi dire tout-à-fait guérie de cette horrible maladie.

— C'est horrible, répéta tout naïvement M. de Sommerive, qui ne trouvait pas un mot de consolation à donner à une si épouvantable infortune.

—Ah! s'écria Mme Ménier, qui semblait ne pouvoir contenir sa douleur, ce ne serait rien qu'une union si fatale, mais subir l'humiliation de voir une servante commander ici pour ainsi dire! Vous l'avez entendu, monsieur? Ah! je suis la plus malheureuse des femmes!

Victor entendait à peine sa tante; la pensée de Mme d'Houdailles, de cette femme si belle, si noble, si séduisante, frappée d'une si horrible infirmité, l'épouvantait.

Mme Ménier toujours pleurant, toujours sanglotant, reprit bientôt:

— J'ose vous prier de me rendre un service, monsieur de Sommerive; ne quittez pas le château sans m'avoir revue; j'ai besoin de vos conseils, j'ai besoin de votre appui.

— Je suis à vos ordres, madame, reprit M. de Sommerive fort contrarié d'être mêlé à tout cela, mais n'osant se refuser à cette pressante sollicitation.

— Permettez-moi de me retirer pour me remettre un peu; dans quelques instans je vous ferai demander un moment d'entretien.

—Ma tante, lui dit Victor, vous n'avez pas besoin de moi ?

—De vous ? lui dit-elle avec un regard glacé. Non, monsieur.

— Alors je vais partir, dit-il.

— Comme il vous plaira, répliqua Mme Ménier en se retirant.

— Adieu, Sommerive, lui dit Victor, j'ai peur d'avoir fait bien des sottises depuis quelques heures. Je m'en vais. Protégez ma tante ; elle doit être bien malheureuse, car ceux sur qui elle avait le droit de compter lui ont manqué.

— Je vous avoue, reprit M. de Sommerive, qu'il m'est fort pénible d'avoir à me mêler d'aussi tristes choses. Je comprends que votre tante veuille s'arracher à cette affreuse existence, mais en cela vous pouvez lui être plus utile que moi.

— Après ce qu'elle vous a dit, reprit Victor, vous ne voudriez pas l'abandonner.

— Non, certes, mais... Ah! ce du Luc, il a été plus habile que moi, il n'est pas revenu. Mais enfin, ce qui est fait est fait. Je resterai, j'attendrai. Mais Mme d'Houdailles... qui l'eût dit? C'est affreux! c'est affreux!

Victor le quitta et s'apprêta à monter dans sa chambre, mais avant de sortir de la maison, il voulut voir une dernière fois son oncle et charger Catherine de lui faire ses adieux. Il se dirigea vers le salon et ouvrit doucement la porte.

Il entendit alors ces mots prononcés à voix basse :

— Pauvre Catherine, tu m'aimes, toi !... Tu me pleureras, toi !...

— Calmez-vous, lui dit-elle, monsieur.

— Tu m'appelles monsieur.

— Eh bien, Edouard, lui dit-elle, calme-toi, je t'en prie, je le veux, ou je ne t'aimerai plus.

Victor ne put retenir un cri. M. Ménier se redressa avec une horrible violence, et repoussant Catherine, qui s'était jetée à ses genoux et qui les embrassait, il s'élança vers Victor en criant :

— Malheureux !... Elle aussi, vous voulez la perdre !... Non... non... non, ce ne sera pas!

Il prononça ces derniers mots d'une voix

de plus en plus embarrassée, et il retomba comme une masse inerte.

A ces cris, M. de Sommerive était accouru, et il put voir la confusion de Catherine avant que Victor fût sorti et eût fermé la porte derrière lui.

En attendant que nous disions à nos lecteurs le résultat de cette découverte extraordinaire, il nous faut suivre Mme Ménier dans sa chambre, où elle écrivit le billet suivant à M. de Cancel :

« Monsieur,

» Je suis désolée de ne pouvoir vous faire une réponse aussi satisfaisante que je l'aurais désiré. A peine arrivée chez moi, je me suis adressée à la fois à M. Ménier et à Mme d'Houdailles, et je leur ai fait part de votre honorable proposition ; mais la joie qu'en a ressentie ma pauvre sœur a été telle qu'elle n'a pu me répondre et que la violence de son émotion a déterminé chez elle une crise de ce mal dont vous savez que son frère est atteint, et dont, au point où en sont les choses, je ne puis vous cacher qu'elle est aussi affligée. Dans quelques heures, je pense qu'elle pourra m'entendre, et je vous ferai immédiatement parvenir la réponse que vous attendez avec tant d'anxiété. »

Cette lettre, écrite d'une main ferme, fut remise à un domestique qui eut ordre de la porter immédiatement à M. de Cancel; et Mme Ménier, après avoir pris le temps nécessaire à calmer une douleur aussi violente que la sienne, descendit près de Sommerive, qu'elle trouva confondu de la découverte qu'il venait de faire. Victor n'était pas encore parti : un coup d'œil de Mme Ménier lui ordonna de se retirer ; mais avant de s'éloigner il s'approcha de sa tante et lui dit d'un ton le plus pénétré:

— Oh ! maintenant je sais ce que vous avez dû souffrir, maintenant je vous admire et je me repens d'avoir osé vous juger.

Mais cet acte de soumission ne toucha point Mme Ménier, qui retira avec vivacité sa main, que Victor avait essayé de prendre.

— Ah ! dit-elle dès qu'il fut sorti, il a brisé la dernière illusion qui me faisait croire aux sincères affections. Il m'aurait moins blessée s'il eût été mon fils, car un fils peut s'abuser en attribuant au devoir seul ce qu'inspire l'affection maternelle;

mais lui, l'ingrat, à qui je ne devais rien, il a oublié que j'avais été plus qu'une mère pour lui!

Quelques larmes accompagnèrent ces paroles, et il y eut un moment de silence. Quand Mme Ménier eut laissé encore à la la douleur que lui causait l'ingratitude de Victor le temps de se calmer, elle reprit :

— Maintenant, veuillez m'écouter, monsieur. La loi n'a pas fait de certains malheurs un droit à s'affranchir de liens véritablement odieux. Si les mauvais traitemens n'accompagnent pas les mauvaises actions, une femme doit tout supporter sans avoir le droit de se plaindre. Ainsi, monsieur, depuis dix ans, je souffre, je souffre beaucoup. Après ce que vous venez de voir, ce mot n'a pas besoin de commentaires. Mais ce que le droit n'accorde pas au malheur, on le reconnaît à l'outrage reçu. Cet outrage, je l'ai supporté long-temps avec résignation, tant qu'il n'a pas été public ; mais maintenant que chacun a pu en être témoin, je ne me sens plus le courage de porter à la fois le malheur et la honte et je ne vous le cache pas, monsieur, je demanderai à la loi la faible protection qu'elle accorde à une femme qu'on a outragée jusque dans ses foyers : je demanderai une séparation.

M. de Sommerive écoutait Mme Ménier avec l'embarras d'un homme qui s'est arrangé depuis long-temps pour ne prendre de la vie que les choses faciles et sans éclat. Il aimait ses amis, il rendait volontiers service de sa bourse, il était capable de faire de nombreuses visites à un ministre pour obtenir une faveur pour un de ses protégés ; mais se mêler activement à des débats de famille, se trouver appelé comme témoin ou comme conseil dans un procès où la qualité des individus, la bizarrerie des faits, amèneraient un certain scandale, se voir interpellé par des avocats qui en pareille cause prennent un malin plaisir à dramatiser les plus simples témoignages, être enfin en discussion, cela lui était odieux, insupportable, et il se répétait tout bas que du Luc était bien heureux de s'être tiré à si bon marché de ce dédale où il se trouvait lui-même empêtré. Cependant, lorsqu'un homme est sollicité d'une façon si directe, et que cet homme a des ménagemens à garder vis-à-vis de lui-même, il faut bien qu'il réponde et qu'il prenne le parti de la femme qui se confie ainsi à lui. M. de Sommerive essaya toutefois d'amoindrir la part qu'il pouvait prendre à cette affaire, et il dit à Mme Ménier :

— Je conçois, madame, tout votre désespoir, je conçois votre résolution; mais il vaudrait peut-être mieux lui donner un caractère moins public que vous le voulez. Ainsi, je suis bien convaincu que si vous faisiez proposer à M. Ménier une séparation amiable...

— Une séparation amiable ! reprit Mme Ménier, dont le visage gracieux prit en ce moment une expression de dépit et de méchanceté indéfinissable, une séparation amiable ! Mais, monsieur, il y a un obstacle invincible à un pareil projet. Il faut que celui avec qui on peut traiter puisse vous comprendre, et le premier mot qui serait porté à M. Ménier pourrait lui être fatal.

— En ce cas, madame, reprit M. de Sommerive, une sommation judiciaire serait d'un effet bien plus cruel.

Mme Ménier fit un geste de colère et s'écria :

— Il faut donc que je meure à la peine, moi !

L'exclamation fut dite avec un accent si extraordinaire que . de Sommerive en frissonna. Il hésitait encore à répondre lorsqu'un assez grand bruit de voix se fit entendre dans la cour du château : on y reconnaissait celle de Victor, qui s'opposait avec violence à ce que quelqu'un pénétrât dans la maison ; puis on entendit la voix de du Luc, qui s'interposait et voulait faire entendre raison à Victor ; enfin la voix de M. de Cancel, qui dominait toutes les autres.

Folie.

XXVI.

— Il faut que je la voie, monsieur, il faut que je la voie ! s'écriait M. de Cancel d'un ton impératif. C'est assez d'une victime à cette implacable vengeance.

Mme Ménier pâlit à cette voix et surtout à cette dernière parole.

Et presque aussitôt M. de Cancel, repoussant Victor, entra appuyé sur le bras du vicomte du Luc. A peine avait-il fait quelques pas dans l'appartement, que la porte du salon où se trouvait M. Ménier s'ouvrit, et Catherine en sortit en poussant des cris affreux.

— Mort ! s'écria-t-elle. Il est mort ! Soyez contente, madame, vous l'avez tué, car il vous entendait.

Mme Ménier devint pâle, mais demeura impassible. Etait-ce l'horreur de la nouvelle ou celle de l'accusation qui l'épouvanta à ce point ? Nous ne pouvons le dire. Mais aussitôt elle jeta sur M. de Cancel un de ces regards de joie féroce qui n'appartiennent qu'aux démons. Sans pitié pour la douleur des autres, sans regre tpour le malheureux qui venait d'expirer, sans remords pour le mal qu'elle avait fait, elle semblait s'écrier dans ce premier regard triomphant échappé comme une lueur fatale et révélatrice des ténèbres de son ame.

— Je suis libre, entendez-vous, je suis libre ?

M. de Cancel comprit sans doute cet appel à des engagemens mystérieux, car il s'écria dans un premier mouvement :

— Jamais ! jamais ! jamais !

Ces paroles, comme le regard de Mme Ménier, furent inintelligibles pour Victor et M. de Sommerive, mais du Luc en devina le sens et prenant la main de M. de Cancel, il lui dit :

— Bien, Cancel, bien !

Mme Ménier les regarda tous les deux avec une haine égale ; mais il y eut en elle un retour subit : ce visage d'ordinaire si gracieux, mais que la passion et les plus funestes pensées venaient d'altérer, prit tout à coup une expression de dignité désolée, et elle dit avec un geste qui achevait le sens de ses paroles :

— Messieurs, la douleur d'une veuve a besoin de solitude.

M. de Sommerive, M. du Luc et M. de Cancel firent un mouvement pour se retirer.

— Ma tante ! s'écria Victor.

— Vous, lui dit-elle, j'ai le droit de vous chasser comme cette fille.... Sortez !...

Victor suivit ses amis; mais Catherine dit à sa maîtresse en sortant :

— Maintenant, Madame, je puis dire la vérité.

Cette menace parut épouvanter Mme Ménier, car elle jeta un regard sur le salon, où était abandonné le cadavre de son mari, et une nouvelle expression de triomphe brilla dans ses yeux. Immédiatement après elle monta chez Mme d'Houdailles.

Celle-ci était couchée sur son lit. Lise était à côté d'elle et lui parlait avec des larmes. La marquise, le regard fixe, la figure bouleversée, ne paraissait pas l'entendre. On eût dit qu'elle écoutait une voix intérieure dont elle ne saisissait pas bien la parole. Ce fut à peine si elle s'aperçut de l'arrivée de Mme Ménier; mais lorsque celle-ci dit d'un ton impératif à la fidèle Auvergnate :

— Sortez, Lise,

Mme d'Hondailles, cette belle et noble femme, si riche, si hautement posée, si supérieure, se jeta en pleurant dans les bras de sa servante en lui disant avec l'accent d'un enfant qui a peur :

— Ne me quitte pas Lise... protége-moi... ne me quitte pas.

— Oh! reprit Lise en s'adressant à Mme Ménier avec fureur, allez-vous-en, Madame, allez-vous-en !

Mme Ménier ne fit pas attention à ces paroles. Elle contemplait Mme d'Houdailles. Elle se la rappelait telle qu'elle l'avait vue deux jours avant, superbe, magnifique, traînant tous les regards, toutes les admirations à sa suite, sereine, radieuse, invulnérable au malheur, à ce qu'on eût pu croire, avec tant de beauté, de jeunesse, de fortune et de force, et maintenant repliée sur elle-même, pâle, anéantie, presque idiote.

Le regard de Mme Ménier semblait fasciner l'infortunée, qui se tenait serrée contre Lise, tandis que celle-ci répétait avec un accent de plus en plus énergique :

— Allez-vous-en, Madame ! allez-vous-en !

— Taisez-vous ! lui dit Mme Ménier d'une voix sèche et impérative. Taisez-vous, vous allez rendre votre maîtresse tout-à-fait folle.

Un transport de colère indicible s'empara de Lise. Elle se leva, marcha sur

Mme Ménier et lui dit la main levée sur elle :

—Sortez d'ici, Madame, sortez, ou bien je vous tue !

Mme Ménier lui jeta un regard calme et méprisant et tira un cordon de sonnette avec violence et à plusieurs reprises. Lise fut dominée à la fois par le calme implacable de Mme Ménier et par ce geste qui, pour ainsi dire, rétablissait la distance de la maîtresse à la servante; et se jetant aussitôt aux genoux de Mme Ménier, elle reprit avec des larmes et des sanglots :

— Vous voyez bien que votre présence la tue... sortez, je vous en supplie.

Deux domestiques, deux hommes, entrèrent en ce moment. La marquise était assise sur son lit dans le désordre le plus grand; à l'aspect de ces deux hommes, elle se jeta vivement sous les couvertures et s'en enveloppa avec terreur, dominée par ce sentiment de pudeur qui vit encore quand la volonté est éteinte.

— Qu'on aille chercher le maire, dit Mme Ménier d'un air froid, et que cette fille ne puisse s'échapper; elle m'a menacée de me tuer.

Lise voulait parler, mais dans l'indignation qu'elle éprouvait, ses premières paroles furent des injures pour Mme Ménier, de façon que les domestiques en l'entendant crurent sans doute obéir à un ordre juste.

Lorsque Mme Ménier fut seule, elle s'approcha du lit où était blottie Mme d'Houdailles, tremblante et toujours effarée.

— Madame la marquise d'Houdailles, lui dit-elle d'une voix basse et moqueuse, j'ai une nouvelle à vous apprendre.

La marquise ne répondit pas. Mme Ménier se pencha vers elle et entendit qu'elle parlait tout bas.

— Clara, reprit Mme Ménier d'une voix presque insinuante, j'ai quelque chose à vous dire.

Ce nouvel appel fut aussi inutile que le premier. Mme Ménier se pencha de nouveau et glissa doucement ces mots dans l'oreille de la marquise :

— Chere sœur, entendez-moi.

Rien ne répondit encore, et Mme Ménier, cédant à un accès de rage frénétique, arracha les couvertures que Mme d'Houdailles tenait fortement serrées dans ses mains, en lui disant :

— Ah ! tu m'entendras !... malheureuse... tu m'entendras !...

Mme d'Houdailles ne résista pas; elle paraissait encore écouter une voix autre que celle qui lui parlait.

— Elle est folle, murmura tout bas Mme Ménier. Eh bien ! ce sera là ma vengeance.

Mais ce n'était pas là sans doute ce que voulait Mme Ménier, car elle reprit sa plus douce voix et appela de nouveau.

— Clara, chère Clara... entends-moi, Clara...

Mme Ménier jeta un regard inquisiteur autour d'elle, et baissant tout-à-fait la voix elle reprit :

— Clara, j'ai à vous parler d'Edouard, de votre frère (Clara resta immobile); j'ai à vous parler d'Arthur...

A ce nom, pour la première fois Mme d'Houdailles regarda sa belle-sœur d'un œil attentif :

— Oh ! murmura celle-ci avec rage, ce nom, ce nom seul lui est resté dans le cœur !

— Puis elle reprit tout haut :

— Arthur veut vous voir... Arthur vous attend.

Mme d'Houdailles continua à regarder Mme Ménier, et répondit doucement :

— Je l'entends ; il est en bas... écoutez...

En effet, on parlait au pied de la fenêtre, mais d'une façon discrète, et Mme

Ménier put reconnaître, en y prêtant attention, la voix de M. Cancel.

Les transports de cette femme avaient, au milieu de leur cruauté, un calcul épouvantable. Le fait de la présence de M. de Cancel qu'elle croyait parti l'exaspéra ; mais, au lieu de s'emporter en cris, elle conçut immédiatement une idée infâme qu'elle mit aussitôt à exécution.

— Oui, dit-elle tout bas à Mme d'Houdailles, c'est lui : sans doute, il veut venir vous voir comme la nuit dernière. Ouvrez votre fenêtre et appelez-le...

Révélation.

XXVII.

Mme d'Houdailles fit un signe de consentement, se leva doucement, et sans s'apercevoir de l'état où elle se trouvait, elle ouvrit doucement la croisée, tandis que Mme Ménier se retirait au fond de la chambre, et se penchant sur le balcon elle appela :

— Arthur ! Arthur ! venez !

Il y eut un mouvement d'effroi à l'aspect de Mme d'Houdailles dans ce déplorable état de folie, parmi ceux qui étaient au pied de ce balcon. Cancel poussa un cri, et malgré sa blessure il monta dans la maison. Mme Ménier l'entendit venir et ouvrit la porte. M. de Cancel arrivait et déjà la marquise quittait le balcon pour aller au devant de lui, lorsque Mme Ménier arrêtant tout à coup M. de Cancel, lui dit en lui montrant Clara :

— Maintenant je te la livre... Aime-la à ton aise... aime-la... folle... oh ! non pas folle... la folie a encore de la noblesse, aime-la... épileptique...

Après ces paroles, Mme Ménier allait quitter la chambre lorsque tout à coup une voix terrible lui dit :

— Restez ! Et vous, messieurs, entrez, je vous en prie.

C'était Catherine, qui avait brutalement repoussé Mme Ménier dans l'intérieur de la chambre. Du Luc, Victor et M. de Sommerive la suivaient.

— On m'outragera donc impunément chez moi ! s'écria Mme Ménier.

— N'y a-t-il pas un homme ici, reprit Catherine, qui veuille empêcher cette femme d'assassiner la sœur après avoir assassiné le frère ? Voulez-vous que cette pauvre dame tombe morte à vos pieds comme M. Ménier est tombé mort parce que cette femme se dit chez elle?

— Eh bien! messieurs, dit Mme Ménier, vous êtes-vous faits les soutiens de cette servante?

Du Luc reprit tout haut:

— Madame, on tue par la violence morale comme par la violence matérielle. Vous avez fait bien du mal.

— Est-ce à vous que j'en dois compte, dans tous les cas? dit Mme Ménier. Il y a des magistrats, et vous pouvez leur porter vos accusations.

— C'est à moi que vous en devez compte, à moi que vous avez perdue, reprit Catherine; vous le savez, madame!

— Assez! s'écria Mme Ménier. Livrez-moi passage, malheureuse!

— Vous resterez, dit Catherine, et vous m'entendrez. Messieurs, je vous le déclare ici, si cette femme quitte cette chambre avant que Mme d'Houdailles soit hors de ses atteintes, elle la tuera, elle la tuera d'une façon ou d'autre. Je ne sais comment, mais elle la tuera.

Pendant que cette discussion avait lieu, Lise avait pénétré dans l'appartement et avait jeté un manteau sur les épaules de sa maîtresse, qu'elle avait fait asseoir dans un fauteuil. Mais celle-ci paraissait toujours étrangère à ce qui se passait autour d'elle. Elle murmurait seulement ces mots :

— Edouard, mon frère... mort... il est mort !...

— Faudra-t-il, reprit Mme Ménier, que

j'appelle mes gens pour me délivrer ? Est-ce une lutte à coups de poing que M. le comte de Sommerive et M. le vicomte Du Luc veulent voir vider devant eux entre moi et cette femme ! Ont-ils fait des paris à ce sujet pour l'une et pour l'autre ? Vous pouvez retirer vos enjeux, messieurs, la lutte n'aura pas lieu.

Un seul homme semblait pouvoir mettre un frein à l'impudence de cette femme : cet homme, que sa passion pour Mme d'Houdailles eût pu excuser et à qui ses relations avec Mme Ménier donnaient un avantage que n'avaient pas les autres, M. de Cancel enfin, ne disait rien ; à genoux devant Mme d'Houdailles il l'appelait doucement, il la conjurait avec des larmes, et semblait étranger à la discussion de Catherine et de Mme Ménier. Celle-ci, d'abord absorbée par cette discussion, n'avait pas remarqué les soins que M. de Cancel prodiguait à la marquise. Tout à coup ses yeux se portèrent sur eux : dix ans d'astuce, de passion, d'égaremens, de menaces employés à détacher cet homme de cette femme, n'avaient réussi à rien; il était à ses genoux ; si misérable, si dégradée qu'elle fût par une terrible atteinte, il n'avait de pensée, d'amour, de larmes que pour elle. Mme Ménier en frémit, et certes elle eût à ce moment frappé avec joie du même coup celui qui l'abandonnait ainsi et celle qui ne l'entendait pas. Mais il y avait des témoins, et Mme Ménier reprit encore :

— Suis-je maîtresse chez moi ou non, monsieur ? Emmenez cette folle, si cela vous plaît; mais sortez tous trois et à l'instant de chez moi!

La position était difficile.

— Soit, dit M. de Sommerive, nous allons nous retirer, madame; mais vous nous permettrez d'emmener de ce château Mme d'Houdailles.

— Vous pouvez la transporter chez M. de Cancel, sa maison est à deux pas, reprit Mme Ménier.

Celui-ci se releva alors, et, comme fatigué d'une si insultante bravade, il lui dit tout haut :

— En ce cas, madame, et pour abréger le chemin, remettez-moi la clé qui ouvre la porte secrète de mon parc, et par laquelle vous veniez me visiter quand je ne venais pas assez tôt.

— Monsieur, dit Mme Ménier, cette insulte sera punie !...

Elle se tourna avec une sorte de désespoir vers ceux même qu'elle venait d'insulter, et leur dit :

— Et personne pour me venger !

— Vous avez tué votre mari, madame, lui dit M. de Cancel, et vous avez chassé votre neveu.

— Victor ! s'écria Mme Ménier ; Victor ! toi aussi, tu me laisses insulter à ce point !

Victor baissa la tête en pleurant, mais il s'approcha de M. de Cancel et lui dit avec des larmes :

— Je vous en supplie, épargnez-la ! épargnez-la !

— Non ! lui dit M. de Cancel, il faut que justice soit faite, et cette justice, ce n'est pas les tribunaux qui pourront la rendre. Il n'y a que la flétrissure du monde qui puisse infliger à cette femme le châtiment qu'elle mérite. Elle entendra tous ses crimes devant vous tous.

L'audace de Mme Ménier était dépassée par la fureur de M. de Cancel; elle se prit à trembler et lui dit d'une voix véritablement suppliante :

— Arthur, taisez-vous, vous êtes fou...

— Oh! vous avez envie de me faire perdre aussi la raison par cette sotte apostrophe, comme vous l'avez fait pour elle. Non... non... vous entendrez la vérité.

— Ah! fit Mme Ménier en poussant des cris; c'est affreux, c'est un assassinat !... A moi !... Au secours ! A moi !...

— Comédie ! vaine et sotte comédie !

s'écria M. de Cancel, et je la connais ; c'est ainsi qu'elle m'a cent fois arrêté quand je voulais rentrer dans la route du devoir.

A cette nouvelle accusation, Mme Ménier se releva comme une vipère, l'œil en feu et les lèvres tremblantes.

— Vous êtes un lâche de parler comme vous faites, et vous tous des lâches de ne pas oser lui imposer silence. Eh bien ! moi, pauvre femme, qu'aucun ici n'ose et ne veut protéger, je me protégerai moi-même ; je me protégerai contre vos insultes et vos violences. Vous me menacez de vos injures, M. de Cancel ? Venez me les dire ; venez les entendre, messieurs ; venez donc.

Aussitôt elle s'élança avec rapidité du côté de la fenêtre ouverte. Le mouvement avait été si violent et si inattendu que personne n'avait pu l'arrêter, et déjà on croyait la voir se précipiter dans le parc, lorsqu'elle s'arrêta tout à coup en poussant un cri horrible et en reculant.

— Là!... là!... disait-elle en désignant quelque chose du doigt. Tout le monde se précipita vers la croisée, et l'on vit en face M. Ménier, debout, appuyé contre un arbre et regardant cette chambre.

Résurrection.

XXVIII.

La stupéfaction générale fut grande. En effet, deux mots et un cri de Catherine avaient suffi pour faire croire à cette mort. Les singulières et terribles apparences que prend la maladie cruelle dont était atteint M. Ménier avaient trompé la pauvre Catherine, et dans la rapidité et l'agitation des événemens qui s'étaient succédé, personne n'avait pensé à aller visiter l'état de ce malheureux abandonné dans un salon. Revenu peu à peu à lui, il s'était traîné jusqu'à l'arbre contre lequel il s'était appuyé, regardant sans voir et écoutant sans comprendre. L'effet de cette apparition eut un double effet : à l'instant même où il brisait pour ainsi dire l'audace jusque-là impunie de Mme Ménier, il parut rappeler à elle-même la malheureuse Clara. Comme les autres elle s'était levée, comme les autres elle avait vu ce spectre redoutable ; mais, tandis que Mme Ménier roulait et que tous les autres restaient immobiles, Mme d'Houdailles s'avançait vers lui en lui tendant les bras, et criait :

— Frère ! frère ! à mon secours ! à mon secours !

— J'y vais, répondit M. Ménier d'une voix sourde.

Ce mot fit tressaillir M. de Sommerive d'une façon singulière, et il s'écria tout aussitôt :

— Sortez, Cancel, sortez !...

— Il a raison : votre présence peut renouveler le mal que lui a déjà causé le bruit seul de votre voix, dit du Luc.

Cancel sortit, emmené par M. de Sommerive, et Victor entraîna sa tante en lui disant :

— Oh ! prenez garde. Venez, venez..

Presque aussitôt M. Ménier entra dans

la chambre. Son premier mot fut pour Catherine, qu'il vit d'abord :

— Toi aussi, lui dit-il, Catherine, tu m'as abandonné !

— Non, monsieur, non, vous étiez tranquille et Mme d'Houdailles s'est trouvée indisposée.

— Pauvre sœur !... dit M. Ménier. Ce ne sera rien, reprit-il : un peu d'émotion.

Mme d'Houdailles, revenue à elle-même, eut effroi de voir son frère s'approcher; mais il s'arrêta à l'aspect de du Luc et lui dit :

— Ah ! c'est vous, du Luc : avez-vous fait ma commission ?

Du Luc éleva la voix de façon à être entendu pour ainsi dire de dehors :

— M. de Cancel quittera la Normandie

doute sa dans deux heures et la France dans trois jours.

— J'aurais mieux aimé en finir, dit M. Ménier.

— Ne parlons pas de cela en ce moment, dit du Luc en l'interrompant; Mme d'Houdailles est très fatiguée, elle a besoin de repos. Si vous le voulez, nous causerons de cela dans le parc.

Catherine l'approuva du regard, et du Luc entraîna doucement M. Ménier. Par les soins de du Luc, un médecin avait été appelé, et il prescrivit d'abord un absolu repos. M. Ménier était retiré dans son appartement, et Mme Ménier, cachée chez elle, n'avait pas reparu. Le soir même il y eut un long entretien entre du Luc, Victor, M. de Sommerive, le médecin et Catherine. Quand ils se séparèrent, le docteur leur dit :

— Ce moyen seul est souverain pour calmer cette incessante et affreuse appréhension : la vérité tout entière, la vérité sur toutes choses et sur toutes personnes.

— C'est difficile à dire, et de pareils secrets, dit Sommerive, ne peuvent être répétés que par des personnes qui appartiennent à la famille.

— Ne comptez pas sur moi, dit Victor. Je plains Mme d'Houdailles, mais il ne m'appartient pas de porter devant elle de pareilles accusations contre ma tante.

— Eh bien, messieurs, dit du Luc, j'essaierai. Cependant, la mission que je prends est trop grave, son issue est trop douteuse pour que je l'entreprenne sans crainte, et pour que je ne veuille pas une garantie contre ce qui peut arriver. Monsieur le docteur, vous avez dit que vous vous tiendriez pendant ce récit près de la chambre de Mme d'Houdailles pour pouvoir accourir au premier appel. Je désirerais plus. Je désirerais que vous pussiez entendre ce que je dirai ; je souhaiterais que Victor et M. de Sommerive pussent l'entendre comme vous. Songez que vous avez reconnu que ce récit peut amener la mort ou la folie aussi bien que le salut, et que j'ai besoin de témoignages qui répondent et justifient mes intentions si elles avaient un résultat fatal.

— C'est juste, dit le docteur, je me charge d'obtenir de Mme d'Houdailles l'entretien nécessaire : d'ailleurs, pour en atténuer l'effet, la fille qui est au service de Mme d'Houdailles et dont le dévoûment nous répond, Lise, peut assister à l'explication de M. du Luc, pour lui enlever l'air de mystérieuse solennité qui pourrait alarmer la malade, tandis que nous serons dans une pièce voisine, d'où nous pourrons tout entendre et tout voir.

Ce plan ayant été arrêté pour le lendemain matin, chacun se sépara. C'était une chose triste que l'aspect de ce château, retentissant quelques jours avant du bruit d'une fête et dont tous les habitans attendaient maintenant que leur destinée fût fixée, car elle dépendait du résultat de cet entretien. Que Mme d'Houdailles y succombât, et c'en était fait de Mme Ménier. Son mari ne lui eût point pardonné, et sans vengeance s'en serait prise à lui-même après l'avoir punie. Victor voyait son avenir compromis par ces cruels débats de famille; M. de Sommerive s'apercevait qu'il avait joué un pauvre rôle dans tout cela; Fernand était triste, inquiet; il passa la nuit hors du château, chez M. de Cancel, et ne revint que le lendemain matin.

Cure morale.

XXIX.

D'après ce qui avait été convenu la veille, Fernand fit demander un entretien à Mme d'Houdailles; le docteur, selon sa promesse, l'avait prévenue et avait exigé d'elle qu'elle reçût du Luc. Dans le premier moment, elle s'y était refusée avec terreur, puis elle avait accepté avec un empressement remarquable. Le médecin avertit du Luc de cette apparente contradiction.

— D'abord, lui dit-il, elle a eu peur et honte de se montrer; ensuite, elle a voulu tenter l'épreuve et voir si son aspect ne vous étonnerait pas. Soyez donc calme et dominez toute émotion et surtout toute curiosité.

Cependant le docteur, M. de Sommerive, Victor et M. de Cancel se retirèrent dans la chambre d'où ils devaient écouter l'entretien de du Luc avec Mme d'Houdailles. Catherine avait exigé de M. Ménier de ne pas quitter sa chambre, et

Mme Ménier, enfermée chez elle, semblait avoir abandonné toute participation à l'existence de sa maison et à ce qui pouvait s'y passer.

Enfin Lise vint avertir du Luc que Mme d'Houdailles était prête à le recevoir. Lorsqu'il entra elle était à moitié couchée sur une chaise longue. Lise se plaça derrière elle. Fernand alla jusqu'à la marquise et s'assit près d'elle après l'avoir saluée avec une familiarité affectueuse.

— Je viens vous ennuyer bien matin, fit-il, mais j'ai un monde de choses à vous dire.

La marquise avait cherché vainement une expression d'embarras ou de pitié sur le visage de Fernand, il était entré comme il fût entré deux jours avant. Elle baissa les yeux, respira profondément et répondit :

— Qu'avez-vous donc à me dire?

—Vous allez voir, dit du Luc en souriant : c'est presque un roman : mais vous serez indulgente pour le conteur s'il vous ennuie; car c'est aussi une histoire vraie.

— Je vous écoute, monsieur.

— D'abord il faut, madame, que je vous raconte avec les détails les plus minutieux comment s'est passée mon entrevue avec M. de Cancel. J'espère que lorsque vous en saurez le résultat, vous me saurez bon gré de n'en avoir omis aucun. Sur votre invitation, je me suis rendu chez le comte; je le connais depuis long-temps, et sans avoir eu avec lui des relations très intimes, je le savais assez homme d'honneur pour être assuré qu'il ne résisterait pas à des remontrances qui venaient de vous. Mais ces remontrances passaient par ma bouche, madame, et elles furent d'abord assez mal accueillies et interprétées, comme l'avait été la provocation de Victor. Ne voulant pas engager une discussion personnelle entre M. de Cancel et moi, je lui racontai les faits tels qu'ils s'étaient passés : l'histoire de la tache de sang, celle de la ballade, la singulière disparition de M. Ménier, la découverte faite par un valet curieux, de sa visite nocturne, votre projet de départ, et enfin la mission que vous m'aviez donnée de prévenir un combat entre lui et M. Ménier. A cela j'ai ajouté que vous aviez d'autant plus de raison de redouter cette rencontre que M. Ménier était venu me prier d'en être le témoin.

— Je ne m'étais donc pas trompée, dit Mme d'Houdailles, qui fit un effort sur elle-même pour répondre d'une voix calme; mais quel motif mon frère vous a-t-il donné pour justifier ce combat près de vous?

— L'insulte que vous avait faite M. de Cancel en s'introduisant la nuit chez vous; l'insulte personnelle qu'il lui avait faite en ne respectant ni sa sœur ni sa maison.

— Pauvre frère, dit Clara, s'il savait que j'ai trahi son secret.

— J'ai accepté vis-à-vis de M. Ménier les motifs qu'il voulait donner à sa conduite, et je les ai fait connaître à M. de Cancel. Mes conseils n'avaient d'abord trouvé qu'irritation, mon récit amena un morne et long silence, et c'est après ce silence que, comme vous, madame, il me demanda les motifs que M. Ménier donnait à sa provocation. Je les lui dis tels que M. Ménier me les avait énoncés, et je vous demande pardon, madame, de répéter ici les propres mots dont s'est servi M. de Cancel; leur familiarité n'a rien d'offensant. Lorsque j'eus dit au comte les raisons de ce combat, il montra une impatience douloureuse et s'écria avec colère :

— Pauvre Clara, il lui faudra donc toujours payer pour les fautes de cette femme !

— Il a dit cela, fit Mme d'Houdailles dont les yeux se trempèrent de larmes.

— Oui, madame, et je ne crois pas avoir été au-delà de mon rôle d'ami en me croyant autorisé par cette parole à aborder franchement le côté grave de cette situation. Ce que je pus dire à M. de Cancel, sur le trouble qu'il pouvait jeter dans votre famille, sur les malheurs qui en pouvaient résulter, sur le sacrifice qu'il vous devait de ses relations avec Mme Ménier, sacrifice que je n'ai présenté que comme un devoir exigé par l'honneur, tout cela n'a pas besoin de vous être répété, mais je dois vous redire textuellement la réponse de M. de Cancel.

— M. du Luc, me dit-il, cette rupture qu'on me demande, ce n'est pas un sacrifice ni à l'amour ni à l'honneur que j'accomplirais ; ce serait la délivrance bien désirée de la chaîne la plus odieuse que jamais homme ait portée. Mais ce que je n'ai pu faire depuis longues années pour mon repos, pour mon honneur, pour ma dignité, le pourrai-je pour elle? Oh ! si vous saviez ce que c'est que Mme Ménier ! si vous pouviez savoir comment elle m'a entraîné, dans quels piéges je suis tombé, où elle m'a conduit et par quels liens elle me retient, vous seriez épouvanté de ce qui peut arriver, et vous n'oseriez croire à une duplicité si patiente et si implacable!

Je crus pouvoir faire observer à M. de Cancel que souvent on jugeait mal de sa propre position; je sollicitai, je l'avoue, une confidence, et la manière dont le comte me l'a faite me prouve qu'il n'y a pas vu une curiosité indiscrète, mais un désir véritable d'être utile à une famille que j'honore. Cette confidence, madame, il est nécessaire que je vous la redise.

— Le croyez-vous indispensable?

— Il le faut, madame, reprit Fernand, qui remarquait déjà que l'attention de Mme d'Houdailles était assez attirée sur un sujet qui la touchait de près, pour l'éloigner des affreuses terreurs qu'elle avait éprouvées; il le faut, reprit-il. La seule grace que je vous demande, madame, c'est de me permettre d'être un narrateur fidèle et par conséquent un peu libre peut-être dans mes expressions. Vous vous étonnerez, je le crains, du style dont quelquefois les hommes parlent entre eux, mais il y a dans cette affaire des choses et une pensée que vous devez connaître tout entières, et que je ne veux pas affaiblir par des ménagemens que je m'imposerais vis-à-vis d'une autre femme moins forte et moins supérieure que vous.

Cet éloge alla peut-être trop loin, car la physionomie de Mme d'Houdailles s'altéra. Mais du Luc alarmé reprit immédiatement :

— M. de Cancel est un noble et galant homme ; M. de Cancel vous aime, madame. Jugez-en par le récit qu'il m'a fait, récit dont j'attesterais la sincérité sur l'honneur, si de fâcheuses préventions pouvaient vous en faire douter.

1

Mariage de Raison.

XXX.

Du Luc s'approcha de Mme d'Houdailles, et, après l'avoir considérée d'un regard qui prit une expression de mélancolie caressante, il lui dit en souriant :

— Il faut que je retourne jusqu'à vos plus jeunes souvenirs, madame; il faut que je vous redise à vous-même votre propre histoire pour que vous puissiez bien comprendre la justification d'Arthur.

— Sa justification! dit la marquise avec amertume.

— Oui, madame, sa complète justification; car vous saurez tenir compte de l'entraînement des circonstances, des faiblesses du désespoir, de tout ce qui demande enfin un esprit juste et généreux pour être bien apprécié. Vous vous souvenez, madame, de l'époque où Mlle Claire de Perdignan épousa M. Edouard Ménier, votre frère. C'était en 1826; vous étiez encore une enfant; mais (du Luc hésita, puis il reprit en souriant) encore une fois, laissez-moi parler comme s'il ne s'agissait pas de vous, sans cela je n'arriverai jamais.

— Faites, monsieur, dit Mme d'Houdailles.

— Vous étiez donc encore une enfant, mais on n'arrive pas à une beauté comme la vôtre sans commencer de bonne heure.

La marquise, pour la première fois, sourit en haussant doucement les épaules.

— On vous fit sortir de votre pensionnat pour vous faire assister à cette noce; c'est là que j'eus l'honneur de vous voir et de vous admirer pour la première fois. Vous vous rappelez sans doute que pendant la cérémonie un cri sourd se fit entendre dans un des bas côtés de l'église, qu'il se fit un mouvement général, et qu'on parla d'un jeune homme qui venait de s'évanouir.

— Je me rappelle parfaitement tout cela, dit Mme d'Houdailles avec un sourire un peu forcé; je n'ai pas perdu la mémoire encore, mais cet incident est tout-à-fait étranger...

— Pardon, dit du Luc en l'interrompant d'un ton grave. Cet incident appartient à ce que vous avez toujours ignoré de la conduite de Mme Ménier; cet incident, je ne vous le rappelle pas pour savoir si votre mémoire est restée fidèle, mais pour vous apprendre que ce jeune homme qui venait de s'évanouir était M. Arthur de Cancel.

— Lui? s'écria vivement Mme d'Houdailles.

— Lui. Fils d'un gentilhomme ami de

M. de Perdignan, Arthur était chez le vieux vicomte comme un second fils, comme un frère de Mlle Claire. Ils étaient du même âge, ils s'aimèrent.

— Ah! fit Mme d'Houdailles en serrant les lèvres et en fronçant les sourcils, il s'aimèrent.

— Je me trompe, madame, Arthur aima Mlle de Perdignan avec toute la noblesse généreuse de son cœur; elle l'aima, elle, avec le calcul égoïste et impitoyable qui a présidé à toutes ses actions. Ne vous étonnez pas de l'indulgence de mes paroles pour l'un et de leur sévérité pour l'autre; il m'en coûte peut-être plus que vous ne croyez d'être vrai, mais je vous l'ai promis et je le serai. Ce premier amour, madame, eut en apparence son cours et son dénouement bien vulgaires. M. de Perdignan le devina, et représenta à Arthur que si sa fille était en âge de se marier, il était, lui, beaucoup trop jeune pour y penser (elle avait dix-neuf ans et lui dix-huit à peine). M. de Perdignan lui remontra sa pauvreté, et lui dit que, ne pouvant rien donner à sa fille, ce serait préparer à Mlle Claire un avenir fort pénible, et il lui demanda de cesser toutes poursuites. M. de Cancel le promit et, comme tant d'autres, il rêva qu'il était facile avec de l'honneur et du travail de conquérir une fortune. Il demanda à Mlle de Perdignan de lui garder un an seulement la parole qu'elle lui avait donnée mille fois, de n'être jamais qu'à lui, et cette année n'était pas écoulée qu'il annonçait, par une lettre datée de la Nouvelle-

Orléans, qu'il revenait en France avec cinquante mille écus de fortune. L'arrivée de cette lettre fut l'occasion d'une scène qui serait d'un vrai comique s'il n'y avait eu un fond de cupidité odieuse.

— Ah ! s'écria Claire lorsque son père lui lut cette lettre, cent cinquante mille francs de rente, et M. Ménier n'en a que cent mille !

— Elle dit cela ! fit Mme d'Houdailles.

— Oui, madame, elle a dit cela, et M. de Perdignan ne fit attention à cette exclamation que parce qu'elle lui apprit que monsieur votre frère était amoureux de Mlle Claire et lui avait sans doute offert sa main et sa fortune.

— Comment, lui dit M. de Perdignan

ce petit Edouard aurait l'impertinence de prétendre à ta main?

— Oui, mon père, il a fait plus de bruit de ses cent mille francs de rente que je ne puis vous le dire.

— A-t-il en effet cent mille francs de rente en mariage? dit M. Perdignan.

— Qu'est-ce que c'est que cela auprès des cinquante mille écus d'Arthur! Ah! j'étais sûre de son cœur, et je ne me trompais pas lorsque je lui gardais le mien en secret et que je feignais d'écouter ce monsieur Edouard pour mieux cacher mon attente à tous les yeux. Oh! vous ne repousserez plus Arthur, et ce M. Ménier mérite bien que vous le chassiez de votre présence.

— Son père est un très galant homme,

repartit le vieux vicomte, et il m'a rendu de trop grands services pour que je traite son fils, tout présomptueux qu'il est, avec cette rigueur.

— Eh! mon Dieu, mon père, je sais très bien que vous devez de l'argent au vieux M. Ménier, son fils me l'a assez dit, mais on le lui rendra et on le mettra à sa place.

— Et avec quoi le lui rendra-t-on?

— Avec la fortune d'Arthur.

— Ses cinquante mille écus n'y pourraient suffire.

— Ce sera, s'il le faut, deux années de son revenu, dit Claire.

— Mais ce sera toute sa fortune et le double même.

— Comment! s'écria Claire, que voulez-vous dire?

—Que depuis cinq minutes nous parlons sans nous entendre. M. de Cancel m'annonce qu'il rapporte cinquante mille écus de fortune et non pas cent cinquante mille livres de rente.

— C'est impossible! s'écria Mlle de Perdignan.

— Ecoutez la suite de sa lettre, dit son père : « Certes, c'est une bien modeste fortune, mais on peut vivre avec sept ou huit mille livres de rente, et l'avenir m'appartient encore... »

—Pour un autre que pour vous, madame, l'exclamation qui suivit la découverte de cette erreur de calcul serait sans doute fort plaisante : « L'indigne ! comme il m'a trompée ! » s'écria Mlle Claire de Perdignan.

La marquise ne put retenir un sourire dont la gaîté tempéra le mépris, et du Luc reprit :

— Dieu vous a accordé d'être les plus nobles créatures du monde, quand vous êtes bonnes ; mais vous pouvez aussi être ce qu'il y a de pire, dans les mauvaises passions, et Mlle de Perdignan y était en proie. Avide, jalouse de tout succès, amoureuse de l'éclat, des fêtes, du plaisir, elle fit presque un crime à M. de Cancel de la promesse qu'elle lui avait donnée et qui la tenait en suspens depuis près d'un an, et s'armant de l'aveu que lui avait fait M. de Perdignan de ses obligations vis-à-vis de M. Ménier, elle précipita son mariage avec M. Edouard, comme une fille qui se sacrifie pour sauver l'honneur de son père.

Cancel arriva quelques jours avant ce mariage; il ne put croire à un pareil abandon; il vit M. de Perdignan, il vit sa fille; il demanda un nouveau délai pour doubler cette fortune insuffisante; mais il n'obtint rien. Il fut assez fou pour s'imaginer que sa présence arrêterait l'infidèle au pied de l'autel : il y alla, et ce fut au moment où elle prononça le serment indissoluble qu'il s'évanouit.

Mme d'Houdailles avait écouté d'un air plus sérieux cette dernière partie du récit de Fernand, et elle lui dit alors :

— Vous avez raison, monsieur. J'ignorais tout-à-fait les antécédens de ce mariage, et quoiqu'il vous plaise de donner à la détermination de Claire un motif de cupidité, il se peut que ce soit un pur dévoûment qui lui a dicté sa conduite. Mais... il y a une chose que j'ignore encore et qui peut être une terrible accusation... ou une excuse puissante pour Mme Ménier... (vous me comprenez, je suppose); ne pouvez-vous m'éclairer à ce sujet?

La voix de Mme d'Houdailles était émue et un léger tremblement nerveux l'agitait pendant qu'elle parlait ainsi. Fernand ne parut pas y prendre garde et repartit:

— J'ai voulu d'abord vous expliquer les causes de l'incident de l'église pour que vous me compreniez mieux, et maintenant je vais aborder cette question, qui vous épouvantera, j'en suis sûr, tant il y eut de crime, c'est le mot, dans les pensées de Mme Ménier. Votre père, madame, sollicité par son fils de donner son consentement à son mariage avec Mlle Claire, eût cru manquer à l'honneur s'il n'eût prévenu M. de Perdignan de l'affection fort légère alors dont était atteint votre frère, et qui, étant le résultat d'un accident, devait disparaître, et avait pour ainsi dire complétement disparu.

Mme d'Houdailles tremblait toujours; mais Fernand, prenant un air irrité et élevant la voix avec force, continua sans ménagemens pour cet effroi insensé.

Suites.

XXXI.

La délicatesse de M. Ménier fut appréciée par M. de Perdrignan; mais elle fut un horrible malheur pour votre frère. Ecoutez-moi bien, car ce que je vais vous dire est horrible. M. de Perdignan avertit sa fille, qui demanda vingt-quatre heures pour répondre. Ces vingt-quatre heures, elle les employa à consulter plusieurs médecins sur la gravité de cette affection, non pour savoir si elle était guérissable, car, à vrai dire, elle n'existait plus déjà, mais pour savoir si elle était mortelle.

—Qu'allez-vous dire? s'écria Mme d'Houdailles avec une épouvante indicible.

— Ce que votre belle-sœur a dit elle-même à M. de Cancel : « La mort manque rarement de suivre l'une de ces violentes attaques, et un jour prochain peut venir où je serai libre, riche, et nous serons heureux. »

—Oh! vous vous trompez, monsieur, vous vous trompez, ce n'est pas possible!... tant de cruauté, un si horrible calcul, une si effroyable prévision ne peuvent entrer que dans le cœur et l'esprit d'un monstre.

— C'est que Mme Ménier est un monstre, madame; c'est que, forte de cette espérance, elle accepta ce mariage; c'est que, dès le lendemain, elle marcha avec une froideur féroce au dénoûment qu'elle avait prévu. Vous êtes une honnête femme, madame; il y a des idées que vous ne comprenez pas, que vous ne pouvez comprendre, que le respect que vous inspirez empêche de vous expliquer; mais Mme Ménier, encore jeune fille, savait que les émotions violentes, les passions surexcitées, les plaisirs excessifs, appelaient des crises aussi dangereuses que les colères et les chagrins, et M. Ménier, amoureux, confiant et bon, ne comprit pas qu'une femme pût cacher un si horrible espoir sous le masque d'une si vive tendresse. Il se crut heureux, et déjà il était sauvé, car il pouvait penser que Mme Ménier ignorait quelle affection avait tourmenté sa jeunesse, et elle n'avait pas en effet encore reparu.

Mme d'Houdailles paraissait confondue; l'horreur de l'accusation portée contre Mme Ménier avait détourné un moment sa pensée de l'appréhension funeste qui l'avait jusque-là dominée; mais presque aussitôt elle parut faire un retour sur elle-même. Fernand continua rapidement :

— Tant d'amour prodigué, continua M. du Luc, avait fait croire à votre frère au bonheur de tout son avenir, lorsque M. de Caucel reparut.

Mme d'Houdailles tressaillit et releva la tête en regardant du Luc avec anxiété.

— Il était reparti quelques jours après le mariage de Mme Ménier, reprit du Luc, à l'heure même où elle lui avait confié son horrible espoir, et il revenait tranquille sur la foi de ce bonheur mutuel, dont le monde faisait mille récits, tranquille sur lui-même, qui croyait avoir effacé de son cœur le souvenir de sa propre passion, et n'osant croire à la réalité des espérances de Mme Ménier, qu'il avait attribuées à un moment de folle exaltation.

Cette arrivée chagrina votre frère, car il savait les anciens projets de Cancel, et Mme Ménier crut comprendre que la jalousie, l'inquiétude, le désespoir amèneraient peut-être le résultat qu'elle attendait. Avec une infernale coquetterie elle réveilla dans ce cœur mal guéri un amour qui ne demandait qu'à s'éteindre dans une sincère amitié et un respect fraternel, et du même coup elle excitait l'inquiète nature de M. Ménier, qui avait toujours gardé une crainte, un remords au fond de son bonheur. Votre belle-sœur devina rapidement son double succès, et enfin un jour arriva où Cancel, malgré tous ses efforts, montra si vivement sa passion, et où Mme Ménier en parut si heureuse et si troublée que M. Ménier n'eut que le temps de s'enfuir. Sa femme le suivit, elle fut le témoin unique mais impassible des douleurs de votre frère, et lorsqu'il revint à lui et que les yeux en larmes il se mit à genoux pour lui demander pardon, elle lui répondit :

— Vous êtes un infâme et vous m'avez trompée !

Mme d'Houdailles tressaillit encore, mais cette fois avec une terreur véritable.

Elle murmura d'une voix sourde :

— Oui, et cela revint avec le malheur.

— Comme cela avait disparu, dit Fernand, avec le repos, comme cela n'eût jamais reparu, car il a fallu toute la barbare persévérance de Mme Ménier pour renouveler ces funestes accidens. Ne prenez pas pitié de cette femme, s'écria Fernand avec une feinte colère, dans le geste et dans la voix, afin de rappeler à lui l'attention de la marquise qui s'égarait encore. Ne la prenez pas en pitié, car c'est armée de ce qu'elle appelait son infortune qu'elle séduisit la noble résistance de Cancel. Un homme de cœur, madame, peut ne pas vouloir troubler la vie d'une femme heureuse, alors même qu'il éprouve pour elle un violent amour, mais lorsqu'elle lui demande une consolation, lorsque c'est avec des pleurs et des sanglots déchirans qu'elle parle de son existence sacrifiée, perdue, il lui faut une vertu que le monde trouverait presque ridicule pour résister à la passion qu'il éprouve, à celle qu'il inspire, et à cet attrait inouï de rendre à celle qu'on aime des joies qu'elle avait à jamais bannies de son cœur. La façon dont je parle est singulière, madame, mais à bien étudier le sens caché de cette fatale liaison, ce fut M. de Cancel qui succomba.

Mme d'Houdailles sourit et repartit d'un ton plus doux et plus calme :

— Vous êtes un bon avocat, monsieur.

— Je suis un juste appréciateur d'une passion dont je n'ai pas le droit de condamner les faiblesses, et maintenant, madame, veuillez m'écouter avec plus d'indulgence encore et plus d'attention, car il s'agit de vous, et je me permettrai de dire tout ce que je dois sans égard pour votre susceptibilité.

Cette coupable liaison durait depuis un an, madame, lorsque votre père, qui était sous le charme de cette fausse douceur avec laquelle Mme Ménier a trompé tant de gens, vous fit quitter votre pensionnat. Vous êtes toujours belle, et aux yeux de quelques hommes cette beauté a grandi avec les années qui se sont écoulées depuis votre apparition dans le monde; mais j'eus l'honneur d'être invité chez M. votre père au premier bal qu'il donna pour vous présenter à ses amis, et je me rapppelle, madame, que ce fut une admiration charmante et chaste qui s'éleva autour de vous. Cancel y était comme moi, et, quoique bien jeune alors, je compris à la muette extase qu'il éprouva en vous voyant que vous étiez pour lui l'astre radieux qui venait d'éclairer son cœur et de lui montrer ce que c'est que l'amour. Il était jeune, il était beau, il souffrait horriblement de la chaîne qu'il portait, il osa vous dire qu'il vous aimait, et, sans vous informer de quoi il était malheureux, vous l'avez aimé. Dès le premier jour, Mme Ménier le soupçonna. Comprenez-vous, madame, la rage de ce cœur brûlé d'ambition, d'envie et de jalousie. Vous, plus belle qu'elle, aussi riche, d'une naissance bourgeoise et pouvant par un mot devenir la femme d'un homme jeune, beau, d'un grand nom! Quel triomphe! Elle n'eût pas été la maîtresse de cet homme qu'elle n'eût pas accepté ce partage pour vous. Et c'était son amant! c'était M. de Cancel que vous lui enleviez! Cette femme est une misérable! mais je comprends qu'elle n'ait pas accepté cette humiliante défaite de tous ses sentimens. Vous vous étonniez cependant des hésitations de M. de Cancel; lorsqu'il vous semblait que votre père l'accueillait avec faveur et qu'il pouvait librement vous parler, vous restiez glacée par sa froideur en votre présence, et vous lisiez avec surprise ces lettres furtives, où vous trouviez un amour insensé et qui allait jusqu'au délire. Sûre de l'approbation de votre père, vous vous laissâtes entraîner à répondre quelquefois à ces lettres, écrites en chiffres et dont le mystère vous paraissait si extravagant; puis un jour, quand l'aveu de votre amour vous eut échappé, M. de Cancel disparut, et l'on vous présenta le marquis d'Houdailles; et, pour vous déterminer à épouser cet honorable vieillard, on vous fit peur de votre amour : on vous dit, je le sais, que M. de Cancel était marié, marié en secret, vous en souvient-il? Enfant qui sortiez du pensionnat, ignorante du monde, plus ignorante des lois, on vous fit croire, on vous fit douter de tout en vous faisant douter de celui que vous aimiez, et vous vous laissâtes marier sans savoir quel lien vous acceptiez.

en vous le croire, on vous fit douter de
tout en vous faisant douter de celui que
vous aimiez, et vous vous laissâtes marier
sans savoir quel fut vous acceptiez.

Secrets du Cœur.

XXXII.

Fernand attachait sur Mme d'Houdailles des regards pleins de pitié, et la marquise, troublée et baissant les yeux, lui répondit d'une voix étouffée :

— Je vous remercie, monsieur du Luc, de me parler ainsi de mon passé; j'ai été faible, crédule, mais Dieu ne m'en a pas punie.

— Je le sais, Madame, dit Fernand, ce lien n'a pas été malheureux. M. d'Houdailles était un de ces nobles et bons vieillards qui avaient gardé intactes les plus belles qualités de la vieille noblesse française; c'était un homme dont nous étions fiers, Madame, et pour lequel, moi et tous ceux qui l'ont aimé, nous vous remercions du bonheur que vous avez répandu sur la fin de sa vie. Il fallait pour cela la grandeur que vous avez dans le cœur; il fallait vénérer cet homme vénérable. Une autre n'eût peut-être vu que le vieillard solitaire, maladif, retiré dans son vieux

château, quelquefois dans ses vieilles idées;
vous avez mieux fait, vous l'avez accepté
pour ce qu'il avait de bon, vous l'avez en-
touré d'un respect si tendre qu'il a pu
croire que les vertus et les nobles qualités
tenaient lieu de jeunesse et de beauté, et
il est mort en vous bénissant. C'est bien
cela, Madame, c'est bien.

Les éloges de Fernand avaient quelque
chose de si ému et de si enthousiaste que,
par un mouvement plus puissant que sa
volonté, Mme d'Houdailles éclata en larmes et lui tendit la main en lui disant :

— Merci, Monsieur, merci, mais je n'ai
pas été aussi à l'abri de tout reproche que
vous pourriez le croire.

— Je sais tout, madame, reprit Fernand,
et je sais faire la part de chacun. Vous de-

vez savoir aujourd'hui quelle main avait éloigné M. de Cancel, quelle langue envenimée avait répandu contre lui le bruit de ce mariage secret; mais ce que vous ne savez pas, madame, c'est par quels moyens on le força à vous quitter. Ce ne furent pas des pleurs, des supplications; ce fut la menace, qu'on employa, et quelle menace! vous allez en juger : « Si vous restez, Arthur, je dirai la vérité à mon mari, je la lui dirai à elle, je la dirai à l'univers, et je dirai partout que vous m'avez perdue. Et si le monde m'accuse, je révélerai au monde à quel être misérable et maudit on m'a liée, et si le monde l'apprend, cet homme en mourra de honte ou se tuera de désespoir. »

— C'est vrai, dit Mme d'Houdailles

d'une voix basse et altérée, il en mourra ou il se tuera.

Fernand toucha légèrement du bout de la main le bras de Mme d'Houdailles, et reprit avec une vivacité exagérée :

— Arthur pouvait-il espérer vous obtenir après une pareille menace? Vous-même, s'il l'eût bravée, eussiez-vous osé accepter sa main après l'aveu de la faute de la femme de votre frère? et cet aveu, elle l'eût fait. Il partit donc; et si plus tard il vous écrivit pour vous apprendre qu'on l'avait calomnié en disant qu'il était marié, c'est qu'un galant homme doit accepter son malheur, mais non pas une infamie. Vous lui avez répondu, madame; ce fut là ce qui le perdit tout-à-fait.

— Je ne vous comprends pas, monsieur.

— Vos lettres acceptaient une justification, vos lettres regrettaient un amour perdu; ces lettres imprudentes et que vous avez écrites dans les premiers momens de votre mariage, ont été depuis dix ans constamment suspendues sur votre tête. Elles furent surprises, volées, oui, volées. Des fausses clés firent pénétrer Mme Ménier dans l'appartement de M. de Cancel, lui ouvrirent ses meubles, et c'est armée de ces preuves de votre amour qu'elle l'a retenu. Huit ans entiers, madame, huit ans pour votre repos, sinon pour votre honneur, il a accepté cet esclavage.

— Et pensez-vous, monsieur, que s'il l'eût sincèrement détesté, il l'eût subi si long-temps ? dit Mme d'Houdailles.

Fernand parut embarrassé et répondit après un moment de silence :

— Sur mon honneur, madame, je crois et j'ose jurer que c'est pour vous qu'il l'a accepté. Ce sacrifice une fois fait, je ne sais... je ne puis vous dire...; mais peut-on en vouloir à celui qui souffre la prison et les fers pour sauver une peine à un frère, à un ami, de s'arranger le mieux qu'il peut dans sa prison, d'alléger le poids de sa chaîne. Et, tenez, madame, sans métaphores, dans combien de ménages n'arrive-t-il pas qu'on se pardonne des torts cruels, qu'on s'étudie à les oublier, qu'on vit comme s'ils n'existaient pas pour ne pas rendre plus insupportable un lien que la loi rend indissoluble. M. de Cancel était peut-être plus enchaîné qu'un mari; pour quitter Mme Ménier, il fallait vous perdre, il fallait perdre aussi votre frère, car c'était encore hier comme il y a huit ans : « Je dirai la vérité au monde entier, je la dirai à mon mari, et je ferai connaître sa misérable existence, et il en mourra de honte. » Voilà l'éternelle parole de Mme Ménier. M. de Cancel en avait peur, et vous ne pouvez savoir jusqu'à quel point peuvent se dégrader la volonté et l'énergie d'un homme quand il a laissé prendre sur lui l'empire de la menace par une femme perverse.

—Je voudrais vous croire, monsieur, dit Mme Ménier, mais ces menaces il ne pouvait pas les redouter, car il n'ignorait pas que mon malheureux frère fermait les yeux sur l'inconduite de sa femme.

— A la condition sans doute qu'elle se tairait sur l'affreuse maladie dont il est frappé, à la condition aussi que jamais le monde ne soupçonnerait ni le désordre ni la tolérance; je le crois ainsi, et sans doute Cancel le savait; mais comme on sait de pareilles choses, comme elles arrivent, comme elles s'arrangent. C'est le résultat d'un de ces accords tacites où rien n'est dit et où tout est compris. Mais jamais, et vous en avez peut-être la preuve, jamais M. Ménier n'a eu et n'a pu avoir d'explication formelle à ce sujet avec Mme Ménier, encore moins avec M. de Cancel. Et vous-même, malgré la sainte affection que vous avez pour votre frère, malgré cette tendresse passionnée qu'il a pour vous, avez-vous jamais osé aborder avec lui ce fatal sujet? N'y a-t-il pas des choses auxquelles personne n'ose toucher, et seriez-vous bien étonnée s'il était resté quelquefois des doutes à M. Ménier?

— Des doutes ! fit Mme d'Houdailles, ce n'est pas possible.

— Une espérance, peut-être, sinon un doute, une espérance que cet abandon coupable cesserait, qu'on reviendrait un jour vers un cœur aussi plein de pardon que le sien. Eh ! mon Dieu ! madame, lorsque votre frère couvrait Victor de sa protection, de ses bienfaits; lorsque, par un testament bien volontaire, il lui léguait la meilleure part de son immense fortune, à qui faisait-il tout ce bien ? à qui eût-il voulu que cela inspirât de la reconnaissance ? vous devez le comprendre.

Certes, Victor est un bon et loyal enfant, meilleur que vous ne le croyez peut-être; mais il était un prétexte à flatter un cœur qu'on voulait ravoir, qu'on espérait ramener. M. Ménier se croyait trop coupable de son malheur pour ne pas être indulgent, et il avait trop d'indulgence pour ne pas espérer en trouver à son tour. Oui, madame, il y avait des heures où il doutait de la vérité: et rappelez-vous le moment où il a pu croire que c'était pour vous seule qu'était venu M. de Cancel, le moment où il a espéré que vous pourriez l'épouser... le moment où Mme Ménier est venue vous porter cette formelle demande de mariage; ce n'est pas seulement son honneur sauvé, ce n'est pas la visite imprudente de Cancel, expliquée de façon à ce que Mme Mémier fût à l'abri de tout soupçon ; ce n'est pas un sentiment de pure vanité qui l'a ému, c'était l'espoir du repos, de l'ordre rentré dans sa famille qu'il entrevoyait et qu'il eût accueillis comme s'ils ne l'eussent jamais quittée. Mais, madame, ce n'était pas le but de Mme Ménier.

Dans la dernière partie de ce récit, Fernand avait affecté une certaine rapidité de langage et une déclamation vive; il mêlait à sa phrase un geste animé et une sorte d'importance oratoire. Mme d'Houdailles le remarqua, et ne se douta guère qu'il eût y une intention cachée dans cette façon de dire.

Cependant Fernand avait réussi, il avait abordé le moment où Mme d'Houdailles avait été frappée de cette crise nerveuse si cruellement traduite par Mme Ménier, et elle n'y avait pas pris garde; son attention, qu'il avait excitée en révélant et commentant les calculs et la duplicité de cette femme, le suivait sans que l'horrible préoccupation qui l'avait dominée jusque là cherchât dans chaque mot une application au mal auquel elle se croyait vouée; elle répondit donc :

— Je crois, monsieur, que mon mariage avec M. de Cancel n'entrait pas dans les idées de Mme Ménier. Mais je voudrais savoir comment il est arrivé que M. de Cancel ait pu lui faire porter la lettre qu'elle nous a annoncée au moment...

Ce que les paroles de du Luc n'avaient point fait, son propre souvenir le lui ramena : Mme d'Houdailles pâlit à ce mot qui devait être suivi du mot par lequel il lui fallait dénommer la faiblesse qui l'avait saisie. — Au moment... au moment... répéta-t-elle.

— Oh! madame, s'écria du Luc avec vivacité, au moment où vous vous êtes évanouie. Mme Ménier venait d'accomplir avec une dextérité merveilleuse la ruse la plus habile, comme elle a su tendre sous les pas d'une pauvre femme le piége le plus indigne; car il y a une personne dont je n'ai pas encore parlé et dont l'action s'est étrangement mêlée à cette histoire et à son dénoûment. Cette personne, c'est Catherine; Catherine, quelque chose d'héroïque et de bon, quelque chose que vous devez comprendre et estimer, vous.

Ainsi, du Luc exagérait à la fois le

mouvement et l'expression de son récit, pour ne pas laisser à Mme d'Houdailles le temps de poser sur une de ces idées fatales qui sont comme entourées d'un abîme profond et qui donnent le vertige.

— Oui, répondit la marquise distraite, je sais que Catherine a été pour mon frère une servante fidèle et dévouée.

— Ce que vous dites là n'est pas juste, madame, Catherine n'a pas été seulement une servante fidèle et dévouée, elle a été grande aussi, elle a eu (à mes yeux du moins) un courage et une pitié admirables. C'est bien difficile à vous expliquer, madame, et il vous aurait fallu entendre cette femme qui n'est qu'une servante sans éducation, vous dire avec la rudesse de son langage et la délicatesse de ses sentimens, comme elle a été amenée là où elle est arrivée.

— Je suis persuadée de ce que vous me dites, monsieur, reprit Mme d'Houdailles, mais je ne conçois pas en quoi ce récit peut être pour moi d'une importance telle que vous sembliez le croire.

— Il est possible que je me trompe, madame, reprit Fernand, mais si j'abuse aujourd'hui de votre patience, c'est un tort qu'il ne me sera plus permis d'avoir bientôt, car...

— Car vous partez, n'est-ce pas, monsieur ? lui dit la marquise en attachant sur lui un regard inquiet et curieux.

Par un sentiment qui s'expliquera plus tard, Fernand baissa les yeux et fut embarrassé ; mais il craignit que cet embarras ne fût interprété par la marquise d'une façon fâcheuse pour elle, et il reprit aussitôt :

— Puissé-je ne pas partir, madame ; qu'il arrive un incident, un mot, un geste qui me dise de ne pas partir et je serais le plus fier et le plus heureux des hommes. Mais, madame, j'ai accepté la tâche de vous raconter, de vous dire le mystère de ce qui s'est passé ici depuis quelques jours, et je dois d'abord l'accomplir tout entière. Croyez que si j'y mets des formes qui vous paraissent avoir l'apprêt d'un récit convenu, c'est qu'il faut que vous sachiez tout ce qui a précédé les scènes des deux derniers jours, pour les juger comme elles doivent l'être et pour prendre le parti le plus convenable.

— Je vous écoute, monsieur, repartit Mme d'Houdailles, le front sombre, tandis que Lise lui tenait les mains et les baisait d'un air suppliant.

Un Dénoûment.

XXX.

— Ce n'est qu'il y a trois ans, reprit du Luc, que M. Ménier s'est décidé à rétablir ce château, qui a appartenu à la famille des Perdignan, et ça été de sa part une de ces nombreuses concessions faites aux caprices de Mme Ménier, toujours avec l'espoir d'obtenir un peu de reconnaissance pour tant de bonté. Monsieur votre père, comme vous le savez, l'avait laissé se dégrader, et M. de Perdignan avait refusé de venir l'habiter et s'était renfermé dans la petite maison voisine du parc, la même qui est maintenant habitée par M. de Cancel. Le souvenir de M. de Perdignan était adoré dans le pays, et quoiqu'il n'y possédât presque plus rien, il y était encore considéré comme le maître et le seigneur du canton. Les fermiers, habitués au désordre qui règne toujours dans les affaires d'un homme endetté, se flattaient de l'espoir de lui voir reprendre ses biens; ils le lui disaient, et parmi ceux que la régularité de M. Ménier gênait et qui trouvaient inique qu'un acquéreur de biens-nationaux exigeât des comptes mieux établis que l'ex-seigneur du lieu, on distinguait Vauvannier, le père de Catherine. Voici comment elle m'a dit, elle-même, ce qui s'est passé à cette occasion :

« Mon père vivait au cabaret, et nous étions deux enfans pour faire aller la maison, moi grande et forte, et une pauvre petite qui a été nourrie avec M. Victor ; elle serait morte à la peine, il y a deux ans, la pauvre enfant, sans celui qui nous a tous sauvés ; car elle avait du cœur, et elle ne se fût pas humiliée comme moi à être servante après avoir eu du bien à nous. Tant que le vieux M. de Perdignan a vécu, ça été assez bien ; il glissait de temps en temps quelques pièces de cent sous à mon père, qui n'allait qu'un peu plus au cabaret, mais qui ne venait pas nous prendre le peu que nous amassions pour payer les fermages. Oui, monsieur, c'en était là qu'il nous fallait cacher notre argent dans les trous du mur, l'enterrer dans des coins de jardin pour qu'il ne le trouvât pas, et quand il le découvrait et que nous lui faisions un reproche de nous l'avoir enlevé : — Bah ! disait-il, on rendra les biens aux nobles, ça ne va pas tarder ; et alors le compte des arriérés sera bientôt fini avec le vrai propriétaire. M. de Perdignan me donnera quittance, et une fois que ce sera lui, je travaillerai, parce que... lui, je le reconnais pour mon maître. C'est pendant ce temps que j'ai vu Mme Ménier, qui était alors Mlle Claire, et M. Victor, qui avait été nourri par ma mère. Tout ce que nous avons souffert de l'inconduite de mon père est inutile à vous raconter : mais ça ne fit que devenir plus terrible à la mort de M. de Perdignan, et il y a trois ans, quand M. Ménier se décida à venir habiter le château, nous étions en arrière de douze mille francs de fermages. Jusque là on ne nous avait pas trop tourmentés, et toutes les fois que l'homme d'affaires écrivait pour nous menacer, je m'adressais à Mme Ménier pour la prier de nous défendre auprès de son mari, et comme les menaces cessaient et que les poursuites ne commençaient pas, je croyais que c'était elle qui nous protégeait. Aussi, quand j'appris qu'elle venait au château, mon premier soin fut d'aller la remercier de ses bontés. »

—Mais à quelle occasion, monsieur, dit Mme d'Houdailles, Catherine vous a-t-elle fait ce récit ?

— Oh! je vous en supplie, madame, permettez-moi de continuer : un peu de patience et vous verrez que rien de ce que je vous dis n'est inutile; laissez-moi vous répéter le récit de Catherine comme elle l'a fait.

— Oui, madame, reprit Lise, qui jusque là ne s'était pas mêlée à cet entretien, écoutez M. du Luc.

M. du Luc reprit aussitôt, en continuant à faire parler Catherine comme il avait déjà fait :

« Elle me reçut d'abord assez aigrement

et parut surprise de ma reconnaissance ; mais elle se ravisa, me questionna avec attention, et finit par me dire qu'elle aurait soin de moi et qu'elle trouverait moyen d'arranger cette mauvaise affaire définitivement.

Deux jours après elle me fit revenir et elle me dit d'un air triste, car vous ne pouvez pas vous imaginer comme cette femme est fausse et combien de temps, combien de choses il m'a fallu avant d'y voir clair dans sa méchanceté; elle me dit d'un air désolé:
—Ma pauvre enfant, M. Ménier est revenu dans ce pays pour y faire marcher ses affaires qui étaient tout-à-fait en désordre. Je lui ai parlé pour ton père, mais j'ai eu beau faire il n'a pas voulu entendre un mot à ce sujet; il a dit qu'il en a assez entendu

comme ça, et que non seulement il va vous chasser de votre ferme, saisir tout ce que vous possédez, mais qu'il fera renfermer ton père et qu'il le laissera mourir en prison, si lui ou toi et ta sœur, vous ne le payez pas.

— Et comment, lui dis-je, voulez-vous que nous le payions ?

— Ma pauvre Catherine, ce sera dur, mais tu le peux : « Qu'elle entre comme servante à la maison, m'a dit mon mari, et je lui tiendrai compte de ses gages à mille francs par an pour me rembourser. Mille francs de gages, Catherine, dit Mme Menier, c'est beaucoup, et M. Ménier est généreux. »

« Ça me fendit le cœur de me voir réduite à être servante, mais il n'y avait que ce parti à prendre, et d'ailleurs Mme Ménier m'avait déjà mise pour ainsi dire dans l'impossibilité de le refuser.— « Ma pauvre enfant, m'avait-elle dit, chacun a ses peines, et toute riche que je suis, j'aimerais peut-être mieux être à ta place qu'à la mienne. » Vous ne savez pas ce que c'est que ce sentiment-là, mais quand on a été appris à respecter une famille et à en entendre maudire une autre, on croit tout bon d'un côté et tout mauvais dans le côté contraire. Ainsi, quand Mme Ménier m'eut raconté ce qu'était son mari, lorsqu'elle m'eut demandé de l'aider à cacher son malheur et qu'elle m'eut promis en retour la libération de mon père et le fermage pour le fiancé de ma pauvre sœur, je n'hésitai plus et j'entrai au service de la maison. Je fus long-temps à comprendre la vérité, mais bientôt la présence assidue de M. de Cancel, l'abandon dans lequel on laissait M. Ménier, m'apprirent que ce malheur auquel je m'étais dévouée n'était pas du côté que je croyais.

» M. Ménier avait accepté mes soins, il m'en était reconnaissant, et il arriva qu'un jour il me parla de mon père et de ma sœur. Tout en le voyant malheureux, je croyais encore que c'était lui qui m'avait forcée à entrer comme servante dans la maison, et comme, à dire vrai, le bienfait dépassait encore l'obligation, je le remerciai en lui disant ce qui s'était passé entre moi et Mme Ménier. Il fut bien un bon quart-d'heure avant de me répondre; je voyais bien qu'il y avait quelque chose qui le tourmentait, et de peur que ça ne lui retombât sur le cœur, car il y avait comme des larmes dans ses yeux, je le priai de s'expliquer, et c'est alors qu'il finit par me dire : —Ecoute, ma pauvre fille, tu es trop bonne pour moi pour que je ne veuille pas te montrer que je le mérite un peu. De toutes les lettres que tu as écrites à ma femme elle n'a lu que la première, qu'elle m'a remise en me disant : « Voici une affaire qui vous concerne, mais si vous voulez mon avis là-dessus, je vous dirai que ce Vauvannier est un mauvais garnement qui se dérangera d'autant plus qu'on se relâchera envers lui. »

— « Il suffit, lui répondis-je, je verrai.
« Je lus ta lettre, Catherine; elle était d'une honnête fille, et je fis cesser les poursuites.

Toutes les fois que tu as écrit depuis, on n'a pas même ouvert tes lettres et on me les a envoyées.

— » Est-ce bien possible ! m'écriai-je. C'est donc ça que, lorsque je vins remercier Mme Ménier, elle a paru si étonnée.

— » Ce n'est pas tout, reprit M. Ménier; lorsqu'elle vint me raconter ce que tu lui avais appris, je lui dis alors que j'avais voulu que si jamais elle revenait dans ce pays elle y trouvât une réputation de bienfaisance et de bonté; je lui dis que puisqu'elle y était venue je voulais qu'on eût à la bénir, et surtout parmi ceux qui avaient appartenu à sa famille, et je lui remis sans condition, entends-tu, la quittance des arriérés de ton père et le nouveau fermage pour toi et ta sœur.

— « Vous n'avez pas exigé que j'entre à votre service? lui dis-je.

— « Non, c'est elle qui m'a dit que tu aimais mieux laisser la ferme à ta sœur qui allait se marier, que de l'habiter avec ton beau-frère qui serait le maître, et que tu préférais entrer comme domestique au château.

— » Mais, mon Dieu, pourquoi a-t-elle fait ça? lui dis-je.

— » C'est, reprit-il d'un air sombre, qu'elle n'eût peut-être pas osé confier à un autre qu'à toi qui croyais lui devoir le salut de ton père et le bonheur de ta sœur, le terrible secret de ma vie.

— » Et, lui dis-je, il ne lui était pas nécessaire de mentir pour cela, elle n'avait pas besoin de faire un marché de ce que j'aurais accepté comme un devoir.

— » Peut-être, Catherine, me dit-il, peut-être; qui sait si elle n'a pas eu raison? Qui sait si tu aurais consenti, sans cette peur, à enchaîner aux côtés d'un malheureux ta jeunesse et ta beauté? car tu es jeune et belle, Catherine.

» A ce moment il me regarda avec une singulière attention et avec une espèce de terreur :

— » Catherine, Catherine, me dit-il (Vous remarquerez, madame, que je vous redis les paroles de Catherine, que je fais son récit comme elle l'a fait, dit Fernand en s'interrompant.), Catherine, me dit M. Ménier, dans ces terribles momens ne restes-tu pas enfermée seule avec moi ?

— » Oui, Monsieur.

— » De longues heures?

— » Des nuits entières.

— » Oh! s'écria-t-il, pauvre fille, sais-tu ce qu'on dira, ce qu'on dit, peut-être?

» La pensée qui me vint me fit horreur.

— » Oh! ce serait trop affreux! m'écriai-je. C'est si impossible.

» Ce mot fut d'un effet effroyable.

— » C'est si impossible, n'est-ce pas? me disait le pauvre homme, c'est si impossible qu'elle n'est donc pas si coupable de m'avoir toujours repoussé, d'avoir cherché une consolation! C'est si impossible qu'on puisse m'aimer.

— » Hélas! ajouta Catherine en pleurant,

que Dieu me pardonne cette dureté, je l'ai cruellement payée.

» A partir de ce jour, mes soins étaient presque insupportables à M. Ménier, et cependant chaque jour il devenait plus malheureux, c'est à peine si on le comptait pour une personne dans la maison. Ah! le monde est ingrat! plus il faisait de bien, plus on se moquait de lui; ce n'était pas bonté, disait-on, c'était faiblesse. Je me repentis de le voir si isolé, si triste; je fis si bien que peu à peu il me souffrit encore près de lui, mais ce mot lui revenait sans cesse.

— » C'est si impossible, me redisait-il quelquefois avec un rire qui me glaçait.

» Je ne sais comment cela se fit, mais un jour qu'il avait visité ses pistolets, un jour que je l'avais vu rêver long-temps, et qu'il me redit encore le soir ce mot de désespoir : C'est si impossible ! j'eus tellement peur et pitié de lui, que je lui dis en pleurant :

— » Mais si moi, qui ne suis qu'une pauvre servante, je vous aimais?

— » Toi, s'écria-t-il.

» Mon Dieu! je le vis si heureux que s'il avait pu croire que je m'étais jouée de lui ou que ce n'était qu'un mot de pitié, je l'eusse tué, j'en suis sûre, je l'eusse tué. »

— A ce moment de son récit dit Fernand d'une voix émue, Catherine a éclaté en larmes et s'est écriée ;

— Allez, monsieur, j'ai chèrement payé les bienfaits de cette famille pour la mienne.

— Noble fille! reprit Fernand. Oh! pardonnez-moi, madame, de me servir de ce mot pour la qualifier! l'austérité de votre vertu peut s'en alarmer; mais je suis un homme, je ne porte peut-être pas dans mes jugemens la sévérité que vous avez le droit d'avoir; mais j'admire cette faiblesse comme une action héroïque.

— Vous me jugez mal, monsieur du Luc, dit la marquise d'un ton affectueux, si vous pensez que je juge trop sévèrement Catherine. Je sais apprécier le sentiment qui a pu l'entraîner; mais il est affreux de penser que mon frère n'ait trouvé que dans cette affection la consolation que lui devait une autre femme.

— C'est que vous ne savez pas que c'est là que Mme Ménier voulait pousser son mari, et Catherine le comprit aux insinuations de Mme Ménier, à ses questions, à ses promesses, à l'ambition de faire fortune qu'elle lui suggérait ; c'est alors que, prenant en haine votre belle-sœur, elle l'espiona, et ne voulant pas rester sans défense contre elle, elle porta l'audace jusqu'à la surprendre chez M. de Cancel, et Mme Ménier fut forcée à redouter celle qu'elle avait voulu perdre pour l'accomplissement de ses indignes projets.

Dernières Explications.

XXXIV.

Fernand s'arrêta, respira péniblement et reprit.

— La liberté par la mort, (je suis dur, madame, mais je suis forcé d'être vrai;) la liberté par la mort, c'est-à-dire le veuvage, ne venant pas assez vite au gré de Mme Ménier, elle avait espéré s'armer ainsi d'une disposition de la loi pour obtenir une séparation ; mais Catherine menaçait, Catherine avait en main des preuves de la conduite de Mme Ménier, et il fallait attendre; d'ailleurs M. Ménier avait plus que jamais abdiqué toute autorité ; il s'était résigné à n'être plus que le spectateur désintéressé de ce qui se passait dans sa maison, lorsqu'on apprit la mort de M. d'Houdailles.

A partir de ce jour, madame, ce fut de la part de Mme Ménier un calcul constant pour vous éloigner; votre volonté de ne pas quitter l'Auvergne avant la fin de votre deuil, la servit, et il n'a pas tenu à elle que vous n'y fussiez toujours demeurée ; mais, à cette occasion, M. Ménier reprit cette autorité qu'il n'avait jamais revendiquée ; il fallut s'attendre à vous revoir, et on s'arrangea en conséquence. D'après les calculs de Mme Ménier, vous deviez arriver le jour du départ de M. de Cancel.

Elle avait exigé ce départ, il l'avait promis, il n'eut pas la force de tenir parole ; un mot imprudent apprit à Mme Ménier qu'il était encore dans le pays ; ce fut la cause de son refus de venir à la ruine, ce fut pour l'appeler et exiger le départ immédiat qu'elle demeura au château, et ce que personne de nous n'a su, c'est que M. Ménier avait aperçu dans la forêt M. de Cancel, qui ne sachant pas qu'on irait chasser, y était allé lui-même. M. Ménier ne put donc pas douter d'une trahison, car il en doutait encore. Madame, un mot d'Arthur prononcé hier devant vous, quand il redemanda la clef qui servait à Mme Ménier pour passer de son parc dans celui de M. de Cancel a pu nous dire qu'ils y mettaient un mystère qui avait pu tromper tout le monde. D'ailleurs, madame, M. Ménier eût-il eu la conviction de cette intrigue, (ce qu'il n'est permis à personne d'affirmer ou de nier), ce qui était pour lui, ce qui est pour beaucoup d'hommes le véritable outrage, c'est la publicité; et ce fait du départ de M. de Cancel, publiquement annoncé et qui n'avait pas eu lieu, ne pouvait s'attribuer qu'à Mme Ménier ou à vous.

C'est surtout la pensée que sa femme pouvait vouloir couvrir ses intrigues de votre nom, qui a irrité votre frère, c'est cette maladresse que Victor et vous-même avez mise à ne pas vouloir chanter cette ballade où il est parlé d'un mari pareillement trompé, qui lui apprit que vous craigniez qu'il ne s'en fît l'application, et qui lui prouva que vous et Victor saviez tout. Or, pouvait-il croire que ce secret ne serait pas également pénétré par beaucoup d'autres, et c'est ce qui a amené l'accident d'avant-hier soir.

On se rappelle sans doute sous quelle appréhension Fernand avait commencé ce récit ; il l'avait à dessein prolongé sur des événemens anciens, sur les perfides combinaisons, sur les crimes de Mme Ménier ;

il y avait alors mêlé de temps à autre un mot ou deux relatifs à la maladie de son mari, et malgré tous ses soins pour appeler et fixer les idées de la marquise sur cette série de combinaisons coupables, de calculs honteux, il avait vu Mme d'Houdailles tressaillir toutes les fois qu'il avait abordé le sujet fatal. A cette dernière phrase qu'il venait de prononcer, elle se troubla visiblement et répéta :

— L'accident d'avant-hier.... ça été affreux, n'est-ce pas? ajouta-t-elle en regardant du Luc avec ces yeux de malade qui cherche sa destinée dans la physionomie de celui qui lui parle.

Du Luc, arrivé à ce point de son récit, sembla avoir entrepris une tâche au-dessus de ses forces ; mais la pensée d'abandonner cette femme si belle à ses folles terreurs lui donna un nouveau courage, et il lui dit, en prenant un air presque riant :

— En vérité, madame, la tactique de Mme Ménier a été si admirable qu'il a fallu un concours de circonstances bien extraordinaires pour l'empêcher de réussir. Elle avait cru éloigner M. de Cancel, et elle avait appelé une armée d'épouseurs dont Sommerive, Victor et moi nous étions le bataillon sacré ou la vieille garde. Vous ne vous doutez pas que ce bal et cette chasse vous ont mise en montre à plus de trente beaux garçons à marier dont la visite vous menace. C'est là le gros de l'attaque; mais nous autres nous étions des épouseurs de choix, et Mme Ménier avait compté que

M. de Cancel absent ne tiendrait pas quinze jours contre la distinction et la position considérée et considérable de Sommerive ou bien contre la jeune ardeur, la brûlante passion et la charmante loyauté de Victor, ou bien enfin, puisqu'il faut me nommer, contre l'adresse que je pourrais mettre à conquérir un cœur de deux cent mille livres de rente.

La visite nocturne de M. de Cancel a dérangé tous ces projets, et, à ce propos, il faut que je vous explique, madame, pourquoi Arthur a quitté votre appartement comme il l'a fait : c'est qu'à peine il était monté qu'il y avait quelqu'un au pied de votre fenêtre.

— Votre valet de chambre, je crois ? dit Mme d'Houdailles.

— Oui, madame, repartit Fernand, mon valet de chambre posé là en sentinelle par une femme qui appartient à Mme Ménier, et qui lui a donné deux louis pour cela. Il paraît qu'on l'avait jugé assez bavard à l'office pour que Mme Ménier, informée de cette qualité, l'ait préféré à tout autre pour cette commission. Arthur sortit donc avec bruit, bien décidé, s'il était rencontré, à dire qu'il sortait de chez moi, et il me savait homme à lui laisser dire en pareil cas tout ce qu'il aurait voulu, sauf explication postérieure. Cependant, madame, vous savez tout ce qui s'est passé dans cette matinée d'hier, jusqu'au moment où vous m'avez chargé d'aller près de M. de Cancel pour prévenir une rencontre à laquelle M. Ménier était résolu; c'est ici, madame, que je vous prie de me prêter une sérieuse attention, détachée de toute préoccupation; car le récit que je vous fais a un but plus grave que vous ne le pensez. De la façon dont vous l'accueillerez dépendra peut-être le châtiment de madame Ménier, peut-être la mort de votre frère; c'est pour lui surtout que je vous prie de bien peser mes paroles, de n'en pas laisser passer une, si elle ne vous semble pas convenable ou suffisamment claire, sans m'en demander l'explication.

— Vous m'effrayez, monsieur, dit madame d'Houdailles.

— Je ne vous cache pas, dit celui-ci, que la position est grave; que M. Ménier est exaspéré; qu'il ne veut plus entendre parler de pardon, et que si vous n'interveniez pas, il résulterait de tout ceci des scandales fâcheux pour votre famille, mais que votre frère est décidé à braver plutôt que de souffrir plus long-temps qu'on ose l'outrager et surtout qu'on ose mêler votre nom à une intrigue, pour le déshonorer.

— Je vous écoute, monsieur, dit madame d'Houdailles.

— Permettez-moi de me retirer un instant pour vous laisser prendre un moment de repos et je reviens dans quelques minutes, dit Fernand avec un léger sourire, et il quitta Mme d'Houdailles.

Les Quatre Prétendans.

Das Custos Heldenbuch.

XXXV.

A voir sortir du Luc de la chambre de Mme d'Houdailles, l'air tranquille et reposé, on eût dit qu'il venait de se livrer à une conversation aimoble. Mais à peine fut-il dans un salon plus éloigné qu'il se laissa tomber sur un fauteuil et qu'il s'écria pendant que Sommerive, le docteur, Cancel et Victor l'entouraient :

— Oh ! sur mon ame, je ne sais si je pourrai aller jusqu'au bout.

— Que dites-vous ? s'écria le docteur, vous avez réussi mieux et plus que je ne l'espérais ; nous vous écoutions tous avec une anxiété qui s'est bientôt calmée en entendant les réponses et les observations de Mme d'Houdailles.

— C'est possible, mais vous ne la voyiez pas, dit Fernand, vous ne voyiez pas ce visage qui s'altérait par intervalles, ce regard qui me dévorait avec une curiosité épouvantée. Tenez, messieurs, je me rappelle avoir couru en ma vie quelques dangers réels : j'étais en amateur à côté de Lamoricière quand l'on nous a fait sauter à la porte de Constantine ; j'ai vu mieux que cela, j'ai été emporté en tilbury par un cheval enragé qui me menait droit à une carrière de cinquante pieds de profondeur où je devais nécessairement me tuer, et me tuer comme un imbécile, sans profit pour personne, aussi bêtement qu'un homme puisse se tuer, ce qui rend la mort plus déplaisante ; eh bien, jamais je n'ai ressenti une terreur, un tourment de cœur pareil à celui qui s'est emparé de moi quand j'ai senti approcher le moment où j'ai dû raconter à Mme d'Houdailles la scène qui s'est passée chez Cancel, l'horrible cri qu'a jeté Mme Ménier quand la marquise s'est évanouie. La voix est toujours prête à me manquer lorsque je pense que je puis par une parole imprudente, mal calculée donner à cette appréhension qui la tourmente le caractère d'un mal réel, et qu'une seconde faiblesse amenée par moi serait la condamnation de cette malheureuse et charmante femme. Docteur, pensez-vous que cela soit nécessaire ?

— Oui, reprit le médecin, il faut que Mme d'Houdailles comprenne bien qu'il y a eu une horrible machination contre elle, une accumulation de menaces, d'événemens pour amener une colère, une faiblesse, une révolution telle quelle, afin de pouvoir la flétrir de cette imputation avec laquelle Mme Ménier perdait sa rivale bien plus sûrement que s'il s'agissait d'une faute, bien plus sûrement que si elle avait pu l'accuser d'un crime. Courage, monsieur du Luc, vous avez bien commencé et vous ne pouvez abandonner votre entreprise.

Fernand ne répondit pas, tant il paraissait abattu ; puis il dit enfin.

— Voyons, docteur, vous est-il jamais arrivé de faire une amputation dangereuse, et n'avez-vous pas tremblé en prenant vos aciers ?

— Quand j'étais convaincu que la mort était certaine si l'opération n'avait pas lieu, et que je me donnais une chance si légère qu'elle fût de sauver un malade en la pratiquant, je n'ai jamais hésité.

— Mais vous savez votre métier, docteur, vous êtes un opérateur habile ; au lieu que moi je ne sais où je toucherai, je ne puis prévoir ce qui peut épouvanter

Mme d'Houdailles et ce qui peut la rassurer. Convaincu par vous que ce que je vais lui dire est nécessaire à son salut, je ne suis pas assuré de le lui bien dire.

Il se tut, tandis, que Sommerive et Victor se regardaient avec embarras.

— J'ai peur, reprit-il tout à coup... J'ai peur.

— Mais, maintenant, aucun de nous ne peut continuer ce récit, et si vous faiblissez...

— Messieurs, dit tout-à-coup Fernand en se levant, je le continuerai et j'irai jusqu'au bout avec courage, je vous jure, mais à une condition.

— Laquelle?

— Si je réussis, messieurs, si Mme d'Houdailles, bien convaincue de la folie de ses terreurs, redevient la femme si parfaite que vons aimez, je vous laisse à tous le droit de rechercher sa main comme je le ferai moi-même. Si au contraire je ne réussis pas, si en voulant éclairer cet esprit frappé, je l'aveuglais tout-à-fait, si je la perdais enfin ! je veux pouvoir seul lui demander sa main, je veux pouvoir l'épouser, je veux adopter son malheur et le veiller, comme vous, docteur, avez adopté l'enfant d'un homme que vous avez tué par une négligence.

— Si ce malheur arrivait, dit Cancel, je réclamerais ce droit.

— Vous, lui dit Fernand, vous, Cancel, vous ne pouvez être le mari de Mme d'Houdailles ; vous m'avez entendu, vous m'écouterez encore, et vous jugerez, si je vous accuse ou si je combats une de vos espérances ; vous jugerez, messieurs, si je cherche à prendre avantage contre l'un de vous de la mission que j'ai acceptée ; mais je suis trop loyal pour ne pas vous dire, Cancel, que si l'amour de Mme d'Houdailles vous choisissait, ce serait un malheur pour elle.

— Du Luc, dit M. de Cancel, prétendez-vous que je sois indigne de ce choix ?

— Non, mon cher Arthur, mais il y a entre vous et elle trop de souvenirs cruels. Votre part serait belle, mais la sienne, croyez-moi, serait affreuse. La veuve de M. le marquis d'Houdailles ne vous apporte pas un passé dont vous avez à vous plaindre ou à rougir ; mais vous resteriez pour elle celui qui a été, sans le vouloir, l'objet de cette rivalité qui a voulu la perdre, et, soyez-en sûr, ce serait toujours entre vous et elle un abime que tout votre amour ne pourrait combler.

—C'est ce que Clara décidera, repartit M. de Cancel avec hauteur.

— Et si elle ne se décide pas en votre faveur, croyez que ce n'est pas moi qui l'en dissuaderai. Mais n'oubliez pas que je me garde le droit de l'épouser si je me trompe.

M. de Sommerive était fort mécontent et du rôle qu'il avait joué et de la petite part qui lui avait été faite dans le récit de du Luc, et au moment où celui-ci allait quitter le salon, il murmura à l'oreille de Victor.

— Après tout, une femme de deux cent mille livres de rente est bonne à prendre en quelque état qu'elle soit, pour un lion endetté.

Ce mot n'avait été dit que pour Victor, mais il arriva à l'oreille de du Luc.

Il se retourna vers Sommerive, pâle de colère et d'indignation.

Il le mesura d'un regard furieux et lui dit d'une voix tremblante :

— Ce que vous venez de dire là, Sommerive, est une lâcheté.

— Monsieur ! cria le comte, vous me rendrez raison de ce mot.

— Plus bas, lui dit Fernand ; c'est pire qu'une lâcheté contre moi, c'est une lâcheté contre Mme d'Houdailles. Sommerive ! je vous tuerai sur mon âme, je vous tuerai ! mais je ne rentrerai pas dans cette chambre.

— Que dites-vous? s'écria le docteur.

— Eh! ne voyez-vous pas que si le malheur voulait que je ne réussisse pas, M. de Sommerive dirait que j'ai peut-être aidé à la folie de cette pauvre femme pour assurer mes droits à sa fortune.

— Fernand, reprit M. de Sommerive, si vous avez pu le comprendre ainsi, je vous demande pardon. Du Luc, je vous fais des excuses. Du Luc, nous nous battrons quand vous voudrez, comme vous voudrez. Mais entrez dans cette chambre, sauvez Mme d'Houdailles. Je vous en supplie, je vous en prierai à genoux s'il le faut.

Fernand hésitait.

— Du Luc, reprit Victor, vous n'êtes pas un homme à qui on puisse offrir la fortune pour le décider; sans cela, je le ferais. Vous n'êtes pas un homme à qui l'on puisse faire peur; sans cela je vous dirais que je vous assassinerais. Mais tenez, si vous n'entrez pas chez Mme d'Houdailles par une fausse délicatesse, je me battrai avec vous et vous me tuerez aussi. Sauvez-la, Fernand, ajouta-t-il en pleurant, sauvez-la.

Du Luc tendit les deux mains à Sommerive et à Victor et sortit en disant :

— A la grace de Dieu, messieurs.

Ils restèrent tous quatre immobiles et entendirent sangloter à une porte du salon : c'était Catherine qui était tombée à genoux et qui pleurait avec des larmes...

Notre siècle, nos mœurs, nos malheureux doutes ne pouvaient permettre à ces quatre hommes réunis d'imiter cet exemple, de prendre cette humble posture, mais il fut facile de deviner sour leur silence recueilli que leur pensée s'était tournée vers cette justice suprême à laquelle Fernand venait de faire appel, à laquelle Catherine s'adressait si humblement.

Choix.

XXXVI.

Lorsque Fernand rentra, il trouva Mme d'Houdailles assise et la main dans la main de la fidèle Lise; elle avait le visage vivement ému et elle parla la première à du Luc.

— Je vous attendais, monsieur, non que je sois très curieuse de la fin de votre confidence, mais c'est que j'ai moi-même quelque chose à vous apprendre.

— Je suis à vos ordres, madame, je vous écoute.

— Non, monsieur, non, quand vous aurez fini, lui dit la marquise.

— Eh bien! madame, dit celui-ci, que l'air agité de la marquise épouvantait, M. de Cancel, chez qui j'étais allé par votre ordre, achevait de me faire le récit que je vous ai répété, lorsque Mme Ménier y arriva, poussée par la jalousie, car elle avait appris la visite de M. de Cancel et le duel de Victor, qu'elle avait attribué à son amour pour vous. Ma présence chez M. de Cancel la confondit; mais avec une rare habileté elle donna à sa visite un prétexte qui me trompa moi-même.

« Je sais, lui dit-elle, que mon mari est furieux contre vous. Après ce qui s'est passé cette nuit, il n'y a qu'une démarche solennelle de votre part qui puisse réparer l'inconvenance de votre démarche. Vous vous devez, vous devez à l'honneur de ma sœur de demander sa main, et je suis venue solliciter de vous cette demande formelle, car j'ai entendu M. Ménier demander des chevaux, et dans une heure il sera peut-être ici. Vous accorderez aux larmes d'une femme, monsieur, ce que vous refuseriez peut-être aux injonctions d'un homme. J'attends de vous cette lettre de demande. M. du Luc comprendra, je suppose, combien est honorable le motif de ma visite dans cette maison. »

Il faut excuser Cancel, madame, reprit Fernand; je ne me crois pas tout-à-fait un pauvre niais crédule, mais je fus fasciné par cette raison, je crus voir un repentir sincère dans cette prière adressée à Cancel; cela sauvait tout, cela sauvait surtout Mme Ménier; je me rangeai de son côté, je poussai Cancel à écrire, je le blâmai de sa résistance, je lui rappelai qu'il venait de m'avouer encore tout son amour pour vous; il écrivit et Mme Ménier nous quitta.

A peine fut-elle sortie que Cancel voulut se lever.

— L'avez-vous vue? s'écria-t-il.

— Oui, lui dis-je, il m'a semblé, dans cette glace, voir un geste de menace.

— Et son regard de démon! J'avais raison de résister, elle fera un usage fatal de cette lettre!

— Mais lequel?

— Je ne sais, mais... j'ai peur, me dit Cancel, si vous saviez, et vous venez de le voir, avec quelle rapidité elle trouve dans un incident le germe d'une perfidie! Elle arrivait ici la rage dans le cœur... elle vous a vu, et cette scène de comédie qui vous a trompé, est venue à point pour la sauver. Oh! me dit-il, courez au château, prévenez Mme d'Houdailles; cette demande de sa main après ce qui c'est passé cette nuit, cette demande lui arrivant par Mme Ménier lui paraîtra une nouvelle insulte, elle peut croire que je me suis entendu avec Claire pour la jeter comme un manteau sur ses désordres passés.

Fernand parlait avec une sorte d'exaltation fébrile, l'œil fixé sur Mme d'Houdailles. Il continua d'une voix tremblante :

— Malheureusement je ne l'ai pas cru... et il est arrivé...

Fernand hésita.

Mme d'Houdailles sourit.

Fernand eut peur.

Clara lui tendit la main et lui dit :

— Et il est arrivé que je me suis évanouie comme une sotte, que Mme Ménier en a profité avec cette horrible habileté que connaît si bien M. de Cancel, et que moi j'ai eu la faiblesse de me laisser envahir par des terreurs que vous vous êtes chargé de dissiper.

— Ah! madame, s'écria du Luc, comment savez-vous ?

— J'aurais honte de vous avouer que je vous ai suivi là, tout à l'heure, que je vous ai écouté, entendu ; j'en rougirais si je n'avaï pas encore été folle, mais vous me le pardonnerez, Fernand, quand je vous aurais dit : J'ai toute ma raison, je suis guérie, et je vous demande si vous voulez être mon mari.

— Bravo ! cria une voix éclatante, tandis que Fernand, le beau Fernand, le lion Fernand, s'était mis à genoux devant Mme d'Houdailles.

C'était Victor qui entrait ; M. de Sommerive et le docteur suivirent.

— Et vous lui défendrez de me tuer, dit Sommerive en baisant la main à Mme d'Houdailles.

Fernand était si heureux qu'il serrait la

main à tous ses amis, mais son regard cherchait quelqu'un, lorsque tout-à-coup une détonation se fit entendre, puis une seconde. Mme d'Houdailles se jeta avec une terreur affreuse dans les bras de Fernand qui l'emporta jusqu'au fond de la chambre. Victor, le docteur, Sommerive coururent vers le corridor obscur par lequel M. de Cancel s'était échappé en entendant la déclaration faite à du Luc par Mme d'Houdailles. Ils trouvèrent Cancel la tête fracassée d'un coup de feu et Mme Ménier blessée au cœur.

— Ah! s'écria Victor, mon oncle s'est vengé.

—Non, dit Mme Ménier en se soulevant, c'est moi.

Elle tenait encore les armes fatales.

Un an après, le vicomte du Luc disait à sa femme :

« Clara, je viens de recevoir une lettre de votre belle-sœur Catherine; elle nous demande d'aller lui faire une visite à la Viguerie avant de partir pour l'Italie.

— Nous irons, Fernand. Mais que nous dit-elle de son mari?

— Votre frère est heureux; il est guéri.

TABLE
DU DEUXIÈME VOLUME

XX. —	UN COEUR DE TRENTE ANS.	1
XXI. —	POSITION CRITIQUE.	15
XXII. —	INCONSÉQUENCE DE JEUNE HOMME.	29
XXIII. —	UNE AME DE VINGT ANS.	41
XXIV. —	SOTTISE.	65
XXV. —	VENGEANCE.	79
XXVI. —	FOLIE.	109
XXVII. —	RÉVÉLATION.	125
XXVIII. —	RÉSURRECTION.	139
XXIX. —	CURE MORALE.	151
XXX. —	MARIAGE DE RAISON.	165
XXXI. —	SUITES.	181
XXXII. —	SECRETS DU COEUR.	197
XXXIII. —	UN DÉNOUMENT.	211
XXXIV. —	DERNIÈRES EXPLICATIONS.	239
XXXV. —	LES QUATRE PRÉTENDANS.	253
XXXVI. —	CHOIX.	269

FIN DU DEUXIÈME ET DERNIER VOLUME.

www.ingramcontent.com/pod-product-compliance
Lightning Source LLC
Chambersburg PA
CBHW050642170426
43200CB00008B/1125